REVISTA DE

CIÊNCIAS

DO MARCHA CRIANÇA 1º ANO

O MAIOR FELINO DO MUNDO

PIADAS ANIMAIS

ANIMAIS ESCONDIDOS NO JARDIM

VOCÊ CONSEGUE ENCONTRÁ-LOS?

CONFIRA TAMBÉM: USANDO BEM A ÁGUA

Imagens de capa:
Foto: John Lund/Blend Images/Getty Images;
Ilustrações: Alberto Linares/Arquivo da editora.

Foto de segunda capa:
Samuel Borges Photography/Shutterstock/Glow Images;
Fotos de terceira capa:
MarcusVDT/Shutterstock/Glow Images.

OLÁ!

NOSSA REVISTA CHEGA À SUA TERCEIRA EDIÇÃO ABORDANDO ALGUNS TEMAS CIENTÍFICOS EM EVIDÊNCIA NO MUNDO.

NESTA EDIÇÃO, A REPORTAGEM DE CAPA É SOBRE OS TIGRES E SUAS SUBESPÉCIES. VOCÊ VAI VER COMO ESSE GRANDE FELINO CAÇA, SE ALIMENTA, SE LOCOMOVE E MUITO MAIS.

A REVISTA ESTÁ REPLETA DE ATIVIDADES PARA VOCÊ SE DIVERTIR SOZINHO OU COM OS AMIGOS.

A NOSSA MISSÃO É TRAZER A CIÊNCIA ATÉ VOCÊ DE FORMA MAIS LEVE E INTERESSANTE.

BOA LEITURA!

DESENGONÇADA

CANTE E MEXA O CORPO
COM SEUS COLEGAS.

VEM DANÇAR, VEM REQUEBRAR
VEM FAZER O CORPO SE MEXER, ACORDAR (REFRÃO)
É A MÃO DIREITA, MÃO DIREITA, MÃO DIREITA AGORA,
A MÃO DIREITA QUE EU VOU ACORDAR.
É A MÃO ESQUERDA, A MÃO ESQUERDA,
A MÃO ESQUERDA AGORA,
AS DUAS JUNTAS QUE EU VOU ACORDAR.

(REFRÃO)
É O OMBRO DIREITO, É O OMBRO DIREITO,
É O OMBRO QUE EU VOU ACORDAR.
É O OMBRO ESQUERDO, É O OMBRO ESQUERDO,
OS DOIS JUNTOS QUE EU VOU ACORDAR.

(REFRÃO)
É O COTOVELO DIREITO, É O COTOVELO DIREITO,
É O COTOVELO QUE EU VOU ACORDAR.
É O COTOVELO ESQUERDO, É O COTOVELO ESQUERDO,
OS DOIS JUNTOS QUE EU VOU ACORDAR.

VEM DANÇAR,
VEM REQUEBRAR...

Studio ALLME/Arquivo da editora

(REFRÃO)

É O BRAÇO DIREITO, É O BRAÇO DIREITO,
É O BRAÇO QUE EU VOU ACORDAR.
É O BRAÇO ESQUERDO, É O BRAÇO ESQUERDO,
OS DOIS JUNTOS QUE EU VOU ACORDAR.

(REFRÃO)

É O JOELHO DIREITO, É O JOELHO DIREITO,
É O JOELHO QUE EU VOU ACORDAR.
É O JOELHO ESQUERDO, É O JOELHO ESQUERDO,
OS DOIS JUNTOS QUE EU VOU ACORDAR.

(REFRÃO)

É O PÉ DIREITO, É O PÉ DIREITO, É O PÉ DIREITO AGORA,
É O PÉ DIREITO QUE EU VOU ACORDAR.
É O PÉ ESQUERDO, É O PÉ ESQUERDO,
É O PÉ ESQUERDO AGORA,
OS DOIS JUNTOS QUE EU VOU ACORDAR.

(REFRÃO)

É A CABEÇA, OS OMBROS, AS MÃOS,
COTOVELOS E BRAÇOS,
QUE EU VOU ACORDAR.
A CINTURA, A BARRIGA, O BUMBUM, OS JOELHOS,
TUDO JUNTO QUE EU VOU ACORDAR.

DESENGONÇADA.
O MELHOR DE BIA BEDRAN (CD),
DE BIA BEDRAN, ANGELS RECORDS.

Gouraud Studio/Shutterstock/Glow Images

FAÇA SUA PARTE

OBSERVE AS IMAGENS ABAIXO E PINTE OS QUADRINHOS CONFORME AS LEGENDAS.

ATITUDES CORRETAS   ATITUDES ERRADAS

- O QUE HÁ DE ERRADO NAS FIGURAS QUE VOCÊ MARCOU DE VERMELHO? VOCÊ TAMBÉM AGE ASSIM?

SE CADA UM FIZER SUA PARTE, JUNTOS PODEREMOS CONSTRUIR UM MUNDO MELHOR. NESTE ESPAÇO, FAÇA UM DESENHO REPRESENTANDO ATITUDES QUE AJUDAM A MELHORAR O MUNDO.

Imagem de fundo: Valentin Agapov/Shutterstock/Glow Images

Bogdan Ionescu/Shutterstock/Glow Images

PERDIDOS NO JARDIM

SETE ANIMAIS SE ESCONDERAM NO JARDIM. ENCONTRE-OS AQUI E DEPOIS RESOLVA O DIAGRAMA DA PRÓXIMA PÁGINA.

Ilustrações: Studio ALLME/Arquivo da editora

A	V	F	D	F	I	U	B	H	J
E	B	O	R	B	O	L	E	T	A
D	I	R	M	H	B	D	S	F	R
B	C	M	A	N	C	P	O	A	A
E	L	I	C	A	R	A	U	U	N
I	S	G	-	D	H	V	R	Q	H
J	A	A	M	I	N	H	O	C	A
A	P	R	T	C	N	A	-	F	L
-	F	A	P	B	Z	V	I	X	T
F	J	N	H	J	P	H	E	A	B
L	Z	G	F	C	Q	R	O	S	M
O	B	I	M	H	-	L	P	A	U
R	U	D	H	M	I	O	L	Z	A
T	P	C	A	R	A	M	U	J	O
A	G	S	Q	R	Y	J	N	F	X

O MAIOR FELINO DO MUNDO!

O TIGRE-BRANCO É UMA DAS SUBESPÉCIES DE TIGRE.

O MAIOR MEMBRO DA FAMÍLIA DOS FELINOS É RECONHECIDO POR APRESENTAR UMA PELAGEM DE COLORAÇÃO ALARANJADA COM LISTRAS NEGRAS E A PARTE INFERIOR VARIA DO CREME AO BRANCO. OITO SUBESPÉCIES DE TIGRES SÃO RECONHECIDAS. TRÊS FORAM EXTINTAS DESDE 1950, AS OUTRAS ESTÃO SERIAMENTE AMEAÇADAS DE EXTINÇÃO. COLORAÇÃO, TAMANHO, PELAGEM E MARCAS VARIAM DE ACORDO COM A SUBESPÉCIE.

AS SUBESPÉCIES ESTÃO DISTRIBUÍDAS PELA ÁSIA. O TIGRE SIBERIANO (*PANTHERA TIGRIS ALTAICA*) É O MAIOR DELES, PODENDO PESAR ATÉ 306 KG (MACHOS) E 167 KG (FÊMEAS). ELES PODEM CHEGAR A 2,8 M DE COMPRIMENTO E MAIS 1 METRO DE CAUDA.

[...]

SÃO ENCONTRADOS EM FLORESTAS TROPICAIS, SAVANAS E ÁREAS ROCHOSAS. NORMALMENTE NÃO ESCALAM ÁRVORES, MAS PODEM FAZÊ-LO. SÃO GRANDES NADADORES E PODEM CRUZAR RIOS DE 6 KM A 8 KM. SÃO PRINCIPALMENTE NOTURNOS, MAS PODEM TER ATIVIDADES DURANTE O DIA, ESPECIALMENTE NO INVERNO.

[...]

Jean-Edouard Rozey/Shutterstock/Glow Images

EXCETO DURANTE A CORTE (NAMORO), OS TIGRES SÃO SOLITÁRIOS E AS FÊMEAS VIVEM COM SEUS FILHOTES. O PERÍODO DE GESTAÇÃO É DE 106 DIAS (3 MESES E 16 DIAS), COM O NASCIMENTO DE 2 A 3 FILHOTES QUE PESAM ATÉ 1,6 KG E SÃO ASSISTIDOS PELA MÃE ATÉ OS SEIS MESES DE IDADE. DESTE PERÍODO EM DIANTE, COMEÇAM A VIAJAR COM A MÃE, QUANDO SÃO ENSINADOS A CAÇAR. COM ONZE MESES, SÃO CAPAZES DE PEGAR SUA PRÓPRIA PRESA SEM A AJUDA DA MÃE, MAS APENAS SEPARAM-SE DELA QUANDO TÊM 2 ANOS DE IDADE, PARA CONQUISTAR SEU TERRITÓRIO.

[...]

MARQUES, MARA. **O MAIOR FELINO DO MUNDO**. DISPONÍVEL EM: <WWW.TERRA.COM.BR/CRIANCAS/BICHOS/TIGRESIBERIANO.HTM>. ACESSO EM: 9 MAR. 2015. TEXTO ADAPTADO.

GATÕES RAJADOS

OS TIGRES SIBERIANOS SÃO GRANDES MAMÍFEROS QUE VIVEM NAS FLORESTAS DA ÁSIA. ELES SE PARECEM COM GATOS, MAS SÃO SELVAGENS E MUITO GRANDES. O CORPO É ALARANJADO E COBERTO DE LISTRAS PRETAS.

- QUANTOS TIGRES VOCÊ CONSEGUE ENCONTRAR NA IMAGEM A SEGUIR?

Ilustrações: Studio ALLME/Arquivo da editora

TRAVA-LÍNGUAS

TENTE DIZER BEM RÁPIDO:

TRÊS TIGRES TRISTES COMENDO TRÊS PRATOS DE TRIGO NO TRILHO DO TREM.

VOCÊ SABIA? TURMA DA MÔNICA: ÁGUA. SÃO PAULO: GLOBO, FEV. 2004.

PIADAS ANIMAIS

A. Llinares/Arquivo da editora

ADIVINHA

Ilustrações: Studio ALLME/Arquivo da editora

O MENINO PERGUNTA PARA UMA MENINA NO PÁTIO DA ESCOLA:

— O QUE É, O QUE É? TEM SEIS PERNAS, PELOS VERDES E ANTENAS?

— NÃO SEI, O QUE É?

— EU TAMBÉM NÃO SEI, MAS ESTÁ SUBINDO PELO SEU CABELO!

SOCORRO, UM GATO!

— ALÔ! É DA POLÍCIA? TEM UM GATO QUERENDO ME MATAR!

— COMO? DESCULPE, SENHOR, MAS ISSO É IMPOSSÍVEL!

— IMPOSSÍVEL? ELE ESTÁ QUASE ME ATACANDO!

— QUEM ESTÁ FALANDO?

— É O PAPAGAIO!

O ACIDENTE

A TARTARUGA ATROPELA UMA LESMA.

NA DELEGACIA, ELA TENTA EXPLICAR O ACIDENTE:

— NEM SEI COMO FOI. TUDO ACONTECEU TÃO RÁPIDO!

MEU PRIMEIRO LIVRO DE PIADAS, DE ÂNGELA FINZETTO. BLUMENAU: TODOLIVRO, 2004.

DIVIRTA-SE

LAGARTINHA

OI, TUDO BEM? EU SOU UMA LAGARTA.

MEU CORPO É COMPRIDO E CHEIO DE PATINHAS. POSSO SER COLORIDA OU DE UMA COR SÓ. LISINHA OU PELUDA.

EU NÃO PASSO TODA A MINHA VIDA ASSIM, PORQUE DEPOIS DE COMER BASTANTE VIRO UMA BORBOLETA OU MARIPOSA.

LAGARTA, DE MARIA APARECIDA DE FREITAS GODINHO E CARLO COMPANILE. SÃO PAULO: COMPANHIA EDITORA NACIONAL, 2008. P. 4-6. (QUE BICHO É ESSE?). TEXTO ADAPTADO.

- VAMOS COLORIR A ILUSTRAÇÃO ABAIXO PARA QUE AS LAGARTAS VIREM LINDAS BORBOLETAS?

Ilustrações: Studio ALLME/Arquivo da editora

MARCHA CRIANÇA 1º ANO

editora scipione

CIÊNCIAS MARCHA CRIANÇA

1º ANO

Maria Teresa Marsico

Professora graduada em Letras pela Universidade Federal do Rio de Janeiro (UFRJ) e em Pedagogia pela Sociedade Unificada de Ensino Superior Augusto Motta. Atuou por mais de trinta anos como professora de Educação Infantil e Ensino Fundamental das redes municipal e particular no município do Rio de Janeiro.

Maria Elisabete Martins Antunes

Professora graduada em Letras pela Universidade Federal do Rio de Janeiro (UFRJ). Atuou durante trinta anos como professora titular em turmas do 1º ao 5º ano na rede municipal de ensino do Rio de Janeiro.

Armando Coelho de Carvalho Neto

Atua desde 1981 com alunos e professores das redes oficial e particular de ensino do Rio de Janeiro. Desenvolve pesquisas e estudos sobre metodologias e teorias modernas de aprendizado. É autor de obras didáticas para Ensino Fundamental e Educação Infantil desde 1993.

Agora você também consegue acessar o *site* exclusivo da **Coleção Marcha Criança** por meio deste QR code.

Basta fazer o *download* de um leitor QR code e posicionar a câmera de seu celular ou *tablet* como se fosse fotografar a imagem acima.

editora scipione

editora scipione

Diretoria de conteúdo e inovação pedagógica
Mário Ghio Júnior
Diretoria editorial
Lidiane Vivaldini Olo
Gerência editorial
Luiz Tonolli
Editoria de Anos Iniciais
Tatiany Telles Renó
Edição
Tais Freire Rodrigues
Arte
Ricardo de Gan Braga (superv.),
Andréa Dellamagna (coord. de criação),
Gláucia Correa Koller (progr. visual de capa e miolo),
Eber Alexandre de Souza e
Elen Coppini Camioto (editores de arte),
Letícia Lavôr e Christine Getschko (assists.) e
Casa de Tipos (diagram.)
Revisão
Hélia de Jesus Gonsaga (ger.),
Rosângela Muricy (coord.), Ana Curci,
Ana Paula Chabaribery Malfa, Gabriela Macedo
de Andrade, Luís Maurício Boa Nova
e Vanessa de Paula Santos
Iconografia
Sílvio Kligin (superv.), Paula Dias (pesquisa),
Cesar Wolf e Fernanda Crevin (tratamento de imagem)
Ilustrações
ArtefatoZ (capa), Ilustra Cartoon, Cassiano Röda,
Osni de Oliveira, Jurandir Ribeiro e Paulo Manzi

Direitos desta edição cedidos à Editora Scipione S.A.
Avenida das Nações Unidas, 7221, 3º andar, Setor D
Pinheiros – São Paulo – SP – CEP 05425-902
Tel.: 4003-3061
www.scipione.com.br / atendimento@scipione.com.br

Dados Internacionais de Catalogação na Publicação (CIP)
(Câmara Brasileira do Livro, SP, Brasil)

Marsico, Maria Teresa
Marcha criança : ciências, 1º ano : ensino fundamental 1 / Maria Teresa Marsico, Maria Elisabete Martins Antunes, Armando Coelho de Carvalho Neto. – 3. ed. – São Paulo : Scipione, 2015. – (Coleção marcha criança)

Bibliografia.

1. Ciências (Ensino fundamental) I. Antunes, Maria Elisabete Martins. II. Carvalho Neto, Armando Coelho de. III. Título. IV. Série.

15-02819 CDD-372.35

Índice para catálogo sistemático:
1. Ciências : Ensino fundamental 372.35

2018
ISBN 978 85 262 9586 5 (AL)
ISBN 978 85 262 9585 8 (PR)
Cód. da obra 738991
CAE 541661 (AL) / 541643 (PR)

3ª edição
8ª impressão

Impressão e acabamento
Corprint

Os textos sem referência são de autoria de Maria Teresa Marsico e Armando Coelho.

APRESENTAÇÃO

QUERIDO ALUNO, QUERIDA ALUNA,

PREPARAMOS ESTE LIVRO COM MUITO CARINHO ESPECIALMENTE PARA VOCÊ. ELE ESTÁ REPLETO DE SITUAÇÕES E ATIVIDADES MOTIVADORAS, QUE CERTAMENTE DESPERTARÃO SEU INTERESSE E LHE PROPORCIONARÃO MUITAS DESCOBERTAS. ESPERAMOS QUE COM ELE VOCÊ ENCONTRE SATISFAÇÃO NO CONSTANTE DESAFIO DE APRENDER!

AO FINAL DE CADA UNIDADE APRESENTAMOS A SEÇÃO **IDEIAS EM AÇÃO**. NELA, VOCÊ E SEUS COLEGAS COLOCARÃO EM PRÁTICA ALGUNS DOS CONHECIMENTOS ADQUIRIDOS NO DECORRER DE SEUS ESTUDOS.

ALÉM DISSO, COMO NOVIDADE, TEMOS A SEÇÃO **O TEMA É...**, TRAZENDO PARA VOCÊ TEMAS PARA DISCUTIR, OPINAR E CONHECER MAIS. DE MODO ENVOLVENTE, ESSA SEÇÃO PREPARARÁ VOCÊ E SEUS COLEGAS PARA COMPREENDER MELHOR O MUNDO EM QUE VIVEMOS.

CRIE, OPINE, PARTICIPE, APRENDA E COLABORE PARA FAZER UM MUNDO MELHOR. E LEMBRE-SE SEMPRE DE COMPARTILHAR SEUS CONHECIMENTOS COM TODOS A SUA VOLTA.

BONS ESTUDOS E UM FORTE ABRAÇO,

MARIA TERESA, MARIA ELISABETE E ARMANDO

CONHEÇA SEU LIVRO

VEJA A SEGUIR COMO O SEU LIVRO ESTÁ ORGANIZADO.

UNIDADE

SEU LIVRO ESTÁ ORGANIZADO EM QUATRO UNIDADES. AS ABERTURAS SÃO EM PÁGINAS DUPLAS. EM **VAMOS CONVERSAR?** VOCÊ E SEUS COLEGAS DISCUTEM ALGUMAS QUESTÕES E CONVERSAM SOBRE A IMAGEM DE ABERTURA E O TEMA QUE PERMEARÁ TODA A UNIDADE. EM **O QUE VOU ESTUDAR?** VOCÊ ENCONTRA UM RESUMO DO QUE VAI APRENDER EM CADA UNIDADE.

IDEIAS EM AÇÃO

ESTA SEÇÃO ENCERRA A UNIDADE. NELA, VOCÊ FAZ EXPERIMENTOS E CONSTRÓI OBJETOS SEGUINDO ALGUMAS ETAPAS.

ATIVIDADES

MOMENTO DE APLICAR O CONHECIMENTO NA PRÁTICA POR MEIO DE ATIVIDADES DIVERSIFICADAS.

SAIBA MAIS

SEÇÃO COM CURIOSIDADES OU INFORMAÇÕES MAIS DETALHADAS SOBRE ALGUNS TEMAS RELATIVOS À DISCIPLINA DE CIÊNCIAS.

O TEMA É...

SEÇÃO QUE TRAZ TEMAS PARA VOCÊ DISCUTIR, OPINAR E APRENDER MAIS!

SUGESTÕES PARA O ALUNO

SELEÇÃO DE LIVROS, CDS, *SITES* E DVDS PARA COMPLEMENTAR SEUS ESTUDOS E AMPLIAR SEUS CONHECIMENTOS.

GLOSSÁRIO

PARA FACILITAR O ENTENDIMENTO, VOCÊ ENCONTRA O SIGNIFICADO DE ALGUMAS PALAVRAS NO FINAL DO LIVRO. ESSAS PALAVRAS APARECEM DESTACADAS NO TEXTO.

MATERIAIS DE APOIO

REVISTA DE CIÊNCIAS

REVISTA QUE ABORDA UMA GRANDE VARIEDADE DE TEMAS CIENTÍFICOS COMPLEMENTARES. CADA EDIÇÃO CONTÉM UMA REPORTAGEM ESPECIAL DE CAPA E DIVERSAS SEÇÕES SOBRE MEIO AMBIENTE, SUSTENTABILIDADE, GERAÇÃO DE ENERGIA, SAÚDE, ENTRE OUTROS ASSUNTOS. NO FECHAMENTO DE CADA EDIÇÃO HÁ UMA DIVERTIDA ATIVIDADE PARA VOCÊ TESTAR SEUS CONHECIMENTOS E APRENDER AINDA MAIS.

CADERNO DE EXPERIÊNCIAS

MATERIAL NO FINAL DO LIVRO QUE CONTÉM INSTRUÇÕES PARA A REALIZAÇÃO DE DIVERSAS EXPERIÊNCIAS. NESSE CADERNO, VOCÊ SEGUE AS INSTRUÇÕES PASSO A PASSO PARA CRIAR EXPERIÊNCIAS UTILIZANDO OS MATERIAIS INDICADOS NO LIVRO. DEPOIS DISSO, VOCÊ OBSERVA OS RESULTADOS E RESPONDE ÀS QUESTÕES NO FIM DE CADA ATIVIDADE.

CADERNO DE CRIATIVIDADE E ALEGRIA

MATERIAL NO FINAL DO LIVRO QUE TRAZ ATIVIDADES MANUAIS CRIATIVAS E DIVERTIDAS PARA VOCÊ APROFUNDAR SEUS CONHECIMENTOS.

PÁGINA +

NO FINAL DO LIVRO, VOCÊ ENCONTRA UMA PÁGINA ESPECIAL ILUSTRADA, QUE DESTACA ALGUNS DOS ASSUNTOS EXPLORADOS NO LIVRO.

QUANDO VOCÊ ENCONTRAR ESTES ÍCONES, FIQUE ATENTO!

ATIVIDADE ORAL

ATIVIDADE NO CADERNO

ATIVIDADE EM GRUPO

OED ESTE ÍCONE INDICA OBJETOS EDUCACIONAIS DIGITAIS (OEDS) RELACIONADOS AOS CONTEÚDOS DO LIVRO. ACESSE: WWW.MARCHACRIANCA.COM.BR.

SUMÁRIO

Ilustra Cartoon/Arquivo da editora

Ilustra Cartoon/Arquivo da editora

UNIDADE 1

CONHECENDO O CORPO HUMANO

VAMOS CONVERSAR?

- OBSERVE ESTA CENA. AS PESSOAS SE LOCOMOVEM E EXPLORAM O AMBIENTE USANDO AS PARTES DO CORPO. VOCÊ PERCEBE ISSO?
- E QUANTO A VOCÊ, QUE PARTES DO CORPO VOCÊ USA PARA VER, CHEIRAR, OUVIR, TOCAR E FALAR?

O QUE VOU ESTUDAR?

- O CORPO HUMANO
- A IMPORTÂNCIA DE CONHECER O NOSSO CORPO
- OS CINCO SENTIDOS

Ilustra Cartoon/Arquivo da editora

CAPÍTULO 1 CONHECENDO VOCÊ

OED

OBSERVE ESTA IMAGEM. ELA MOSTRA ALGUMAS CRIANÇAS SAINDO DA ESCOLA.

Ilustra Cartoon/Arquivo da editora

LAURA É A MÃE DE BRUNA.

PEDRO É O PAI DE LUCAS.

BRUNA SE PARECE MAIS COM SUA MÃE.

PEDRO SE PARECE MAIS COM SEU PAI.

HÁ SEMELHANÇAS E DIFERENÇAS NA **APARÊNCIA** DAS PESSOAS.

ATIVIDADES

1 EM ALGUNS PONTOS SOMOS SEMELHANTES ÀS OUTRAS PESSOAS, MAS TAMBÉM TEMOS DIFERENÇAS. PODEMOS SER PARECIDOS E DIFERENTES NO CORPO E NAS PREFERÊNCIAS. DESENHE VOCÊ E UM COLEGA DE CLASSE.

EU	COLEGA

- ESCREVA UMA SEMELHANÇA E UMA DIFERENÇA ENTRE VOCÊS.

....

....

2 AS PESSOAS HERDAM, DE SEUS PAIS OU PARENTES, ALGUMAS CARACTERÍSTICAS.
NA TABELA ABAIXO, INDIQUE ALGUMAS CARACTERÍSTICAS SUAS E DE QUEM VOCÊ AS HERDOU.

CARACTERÍSTICAS	DE QUEM VOCÊ HERDOU
COR DA PELE	
TIPO DE CABELO	
COR DE CABELO	
FORMATO DOS OLHOS	
COR DOS OLHOS	

3 LEIA O TEXTO A SEGUIR.

A ALTURA, O PESO, O SEXO, OS CABELOS E A COR DA PELE VARIAM DE PESSOA PARA PESSOA.

wavebreakmedia/Shutterstock/Glow Images

MUITAS OUTRAS COISAS TAMBÉM NOS DIFERENCIAM UNS DOS OUTROS, COMO O FORMATO DO NARIZ, DO QUEIXO, DA BOCA, DAS ORELHAS, DOS OLHOS, A POSTURA, O JEITO DE FALAR, DE ANDAR...

O CORPO. SÃO PAULO: ÁTICA, 1998. (MINHA PRIMEIRA ENCICLOPÉDIA – LAROUSSE).

- FISICAMENTE, VOCÊ SE ACHA PARECIDO COM ALGUÉM DE SUA FAMÍLIA? SE SIM, EM QUE VOCÊ É PARECIDO COM ESSA PESSOA?
- APESAR DE TERMOS PONTOS SEMELHANTES COM OUTRAS PESSOAS, NUNCA SOMOS IDÊNTICOS (MESMO OS GÊMEOS NUNCA SÃO COMPLETAMENTE IDÊNTICOS). O QUE VOCÊ ACHA DE SERMOS TODOS DIFERENTES, ÚNICOS? DISCUTA SOBRE ISSO COM SEUS COLEGAS.

CAPÍTULO 2

CONHECENDO E CUIDANDO DO NOSSO CORPO

VOCÊ JÁ PAROU PARA PENSAR EM QUANTA COISA PODEMOS FAZER COM NOSSO CORPO?

NOSSO CORPO É COMPOSTO DE CABEÇA, PESCOÇO, TRONCO E MEMBROS. O TRONCO É A PARTE MAIOR E DELE SAEM OS MEMBROS: PERNAS E BRAÇOS.

COM OS COLEGAS E O PROFESSOR, INVENTE UMA MELODIA PARA OS VERSOS A SEGUIR. DEPOIS, CANTEM E DANCEM JUNTOS.

CABEÇA, PESCOÇO,
TRONCO, MEMBROS.
O CORPO TODO É MOVIMENTO.

alexkatkov/Shutterstock/Glow Images

OLHANDO PRA CIMA,
LEVANTO OS BRAÇOS.
DEPOIS ABAIXO
E DOU UM ABRAÇO!

MarcusVDT/Shutterstock/Glow Images

Samuel Borges Photography/Shutterstock/Glow Images

OLHANDO PRA BAIXO,
AVISTO OS MEUS PÉS.
MEXO E REMEXO
CONTANDO ATÉ DEZ!

ATIVIDADE

- VOCÊ CONHECE AS PARTES DO NOSSO CORPO?
  OBSERVE NAS IMAGENS ABAIXO AS PARTES DO CORPO QUE AS SETAS INDICAM. DESCUBRA NO QUADRO O NOME DE CADA PARTE E ESCREVA-A NO RETÂNGULO CORRESPONDENTE.

PEITO	JOELHO	PÉ	TORNOZELO
OMBRO	MÃO	CALCANHAR	BARRIGA

Alexey Fursov/Shutterstock/Glow Images

CAPÍTULO 3 OS SENTIDOS E O MUNDO EM QUE VIVEMOS

PERCEBEMOS TUDO O QUE ESTÁ AO NOSSO REDOR POR MEIO DOS **ÓRGÃOS DOS SENTIDOS**.

VEJA O NOME DE CADA ÓRGÃO DO SENTIDO E SUA LOCALIZAÇÃO NO CORPO DE NICOLE.

Tatyana Vyc/Shutterstock/Glow Images

AGORA, LOCALIZE EM SEU CORPO CADA UM DOS ÓRGÃOS DOS SENTIDOS.

O NARIZ, A LÍNGUA, OS OLHOS, A PELE E AS ORELHAS ENVIAM MENSAGENS AO CÉREBRO, INFORMANDO COMO É O MUNDO AO NOSSO REDOR.

Menina: Sergei Kolesnikov/Shutterstock/Glow Images; Cérebro: Sebastian Kaulitzki/Shutterstock/Glow Images

O OLFATO

QUE ÓRGÃO DOS SENTIDOS A CRIANÇA DA IMAGEM UTILIZOU PARA SENTIR O CHEIRO DA MEXERICA?

Ilustra Cartoon/Arquivo da editora

O NARIZ É O ÓRGÃO DO SENTIDO DO OLFATO. POR MEIO DO OLFATO, É POSSÍVEL IDENTIFICAR ODORES DO AMBIENTE.

SAIBA MAIS

O OLFATO

COM O OLFATO PODEMOS PERCEBER CHEIROS QUE INDICAM QUE ALGO ERRADO ESTÁ ACONTECENDO, COMO O CHEIRO DE VAZAMENTO DE GÁS OU DE COMIDA QUEIMANDO NO FOGO.

ATIVIDADES

1 ASSINALE COM UM **X** A CENA EM QUE O SENTIDO DO OLFATO PODE IDENTIFICAR QUE ALGO ERRADO ACONTECEU.

Nick Gregory/Alamy/Other Images

INSADCO Photography/Alamy/Other Images

- EXPLIQUE O QUE VOCÊ ENTENDEU DE CADA CENA ACIMA.

2 SENTIMOS MUITOS CHEIROS DIFERENTES DURANTE O DIA. ORGANIZE, COM SEU PROFESSOR E COLEGAS DE CLASSE, UMA LISTA COM ALGUNS CHEIROS QUE VOCÊ COSTUMA PERCEBER EM CASA E NA ESCOLA.

EM CASA	NA ESCOLA
....	....
....	....
....	....
....	....
....	....
....	....

A GUSTAÇÃO

ESTA MEXERICA ESTÁ UMA DELÍCIA! PROVE.
ESTÁ BEM DOCE!

Ilustrações: Ilustra Cartoon/Arquivo da editora

SENTIMOS O SABOR DOS ALIMENTOS POR MEIO DA LÍNGUA, QUE FICA NA BOCA.

A LÍNGUA É O ÓRGÃO DO SENTIDO DA GUSTAÇÃO.

SAIBA MAIS

DOCE OU SALGADO?

QUANDO COMEMOS UM PEDAÇO DE CHOCOLATE TAPANDO O NARIZ, NÃO RECONHECEMOS O GOSTO DELE, MAS APENAS SEU SABOR ADOCICADO. NA REALIDADE, A LÍNGUA DETECTA OS QUATRO SABORES PRINCIPAIS: O DOCE, O SALGADO, O AMARGO E O ÁCIDO (OU AZEDO). QUANDO COMEMOS CHOCOLATE, ELE EXALA UM ODOR QUE CHEGA AO NARIZ. É O NARIZ QUE PERMITE RECONHECER O GOSTO DO CHOCOLATE.

CORPO HUMANO: COMO É FEITO, COMO FUNCIONA E CUIDADOS COM A SAÚDE. TRADUÇÃO DE ADRIANA CARVALHO. SÃO PAULO: LAROUSSE DO BRASIL, 2005. (TEXTO ADAPTADO).

Kamira/Shutterstock/Glow Images

ATIVIDADES

1 OBSERVE AS CENAS A SEGUIR.

QUE CHEIRO BOM!
SUCO
HUM! TEM SABOR DE FRANGO!
SUCO

Ilustrações: Ilustra Cartoon/ Arquivo da editora

- AGORA, RESPONDA:

A) NA PRIMEIRA CENA, A MENINA SENTIU O .... DO ALIMENTO.

B) NA SEGUNDA CENA, A MENINA SENTIU O .... DO ALIMENTO.

C) QUE SENTIDOS PERMITIRAM QUE A MENINA PERCEBESSE QUE O

ALIMENTO É SABOROSO? ....

2 PINTE OS QUADRINHOS DE ACORDO COM A LEGENDA.

SABOR DOCE (verde)
SABOR SALGADO (amarelo)
SABOR AMARGO (rosa)
SABOR AZEDO (azul)

Shutterstock/Image Plus

MEL

Valentyn Volkov/ Shutterstock/Glow Images

CAFÉ (SEM AÇÚCAR)

Nattika/Shutterstock/ Glow Images

LIMÃO

Fernando Favoretto

ARROZ COM FEIJÃO, SALADA, BATATA FRITA E CARNE

☐ ☐ ☐ ☐

A VISÃO

ATENTE À ILUSTRAÇÃO. QUE CORES VOCÊ OBSERVA NELA?

QUE PÁSSARO MAIS LINDO! E QUE PENAS COLORIDAS ELE TEM!

Ilustra Cartoon/Arquivo da editora

A MENINA DA IMAGEM ESTÁ ADMIRANDO UM PÁSSARO BEM COLORIDO.

É GRAÇAS À VISÃO QUE PODEMOS NOTAR AS CORES E MUITAS OUTRAS COISAS AO NOSSO REDOR.

> OS OLHOS SÃO OS ÓRGÃOS DO SENTIDO DA VISÃO.

SAIBA MAIS

OS OLHOS

NOSSOS OLHOS SÃO ÓRGÃOS MUITO SENSÍVEIS QUE PRECISAM DE PROTEÇÃO. VEJA NA FOTO AO LADO OS COMPONENTES QUE PROTEGEM OS OLHOS.

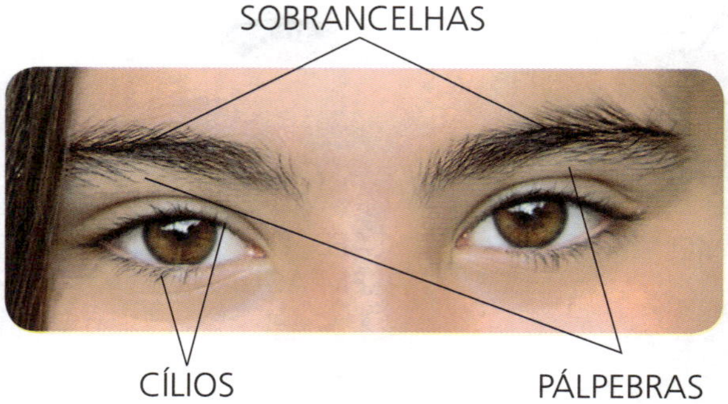

cappi thompson/Shutterstock/Glow Images

ATIVIDADE

- OBSERVE A CENA A SEGUIR.

Ilustra Cartoon/Arquivo da editora

A) QUANTOS PEIXES HÁ NO AQUÁRIO?

....

B) QUE CORES DE PEIXES VOCÊ CONSEGUE PERCEBER?

....

C) ALÉM DOS PEIXES, QUE OUTRO ANIMAL VOCÊ VÊ?

....

D) QUAL É A COR DESSE ANIMAL?

....

E) DOS CINCO SENTIDOS, QUAL FOI O RESPONSÁVEL POR VOCÊ TER PERCEBIDO TODAS ESSAS INFORMAÇÕES?

....

O TATO

O TATO É O SENTIDO QUE USAMOS PARA PERCEBER O QUE ESTAMOS TOCANDO.

POR MEIO DO TATO PODEMOS SENTIR, POR EXEMPLO, QUANDO ESPETAMOS UM ESPINHO NO DEDO.

Sandra.Matic/Shutterstock/Glow Images

TAMBÉM PODEMOS PERCEBER SE O QUE TOCAMOS É ÁSPERO OU LISO, DURO OU MACIO.

bmf-foto.de/Shutterstock/Glow Images

A LIXA É ÁSPERA!
O GATO TEM PELOS MACIOS.

Ilustra Cartoon/Arquivo da editora

Sergiy Bykhunenko/Shutterstock/Glow Imagem

É TAMBÉM POR MEIO DA PELE E DO SENTIDO DO TATO QUE PODEMOS PERCEBER O QUE É QUENTE OU FRIO.

A PELE É O ÓRGÃO DO SENTIDO DO TATO. ELA REVESTE TODO O NOSSO CORPO.

ATIVIDADES

1 CONTE A SEUS COLEGAS O QUE VOCÊ SENTE QUANDO ANDA DESCALÇO. DEPOIS, ESCREVA NO QUADRO ABAIXO ALGUMAS PALAVRAS QUE DESCREVAM A SENSAÇÃO DE ANDAR DESCALÇO NA AREIA DE UMA PRAIA, NAS PEDRINHAS DE UM RIACHO, NA GRAMA RECÉM-PODADA E NO CIMENTO EM UM DIA QUENTE.

AREIA DE UMA PRAIA	GRAMA RECÉM-PODADA
....	....
....	....
PEDRINHAS DE UM RIACHO	**CIMENTO EM UM DIA QUENTE**
....	....
....	....

2 OBSERVE AS FIGURAS A SEGUIR E ESCREVA NOS BALÕES O QUE VOCÊ IMAGINA QUE AS CRIANÇAS ESTÃO FALANDO.

Ilustrações: Ilustra Cartoon/Arquivo da editora

A AUDIÇÃO

VOCÊ JÁ OBSERVOU QUANTOS SONS O MUNDO AO SEU REDOR PRODUZ?

Ilustra Cartoon/Arquivo da editora

COM SEUS COLEGAS DE CLASSE, VISITE UM LUGAR DA ESCOLA E, DEPOIS, CONVERSEM SOBRE OS SONS QUE VOCÊS OUVIRAM NESSE LUGAR.

COMPLETE:

- NOME DO LUGAR VISITADO

....

- SONS DO LUGAR VISITADO

....

....

....

....

OS SONS FAZEM PARTE DE NOSSA VIDA DE MUITAS MANEIRAS. A AUDIÇÃO É O SENTIDO POR MEIO DO QUAL PERCEBEMOS OS SONS. OS ÓRGÃOS DO SENTIDO DA AUDIÇÃO SÃO AS ORELHAS.

ATIVIDADES

1 VOCÊ JÁ REPAROU QUE EM TODOS OS LUGARES DA TERRA HÁ SONS? OU SEJA, NÃO HÁ NENHUM LUGAR DO MUNDO EM QUE NÃO EXISTA SOM. ANALISE AS IMAGENS ABAIXO.

Steven Pease/Shutterstock/Glowimages

Steve Byland/Shutterstock/Glowimages

Yuri Arcurs/Shutterstock/Glowimages

hfng/Shutterstock/Glowimages

- AGORA, NUMERE AS PALAVRAS CONFORME OS SONS REPRESENTADOS EM CADA CENA.

( ) CHUÁ!

( ) VRUUUUM!

( ) HA! HA! HA!

( ) PIU! PIU! PIU!

2 OBSERVE AS IMAGENS A SEGUIR.

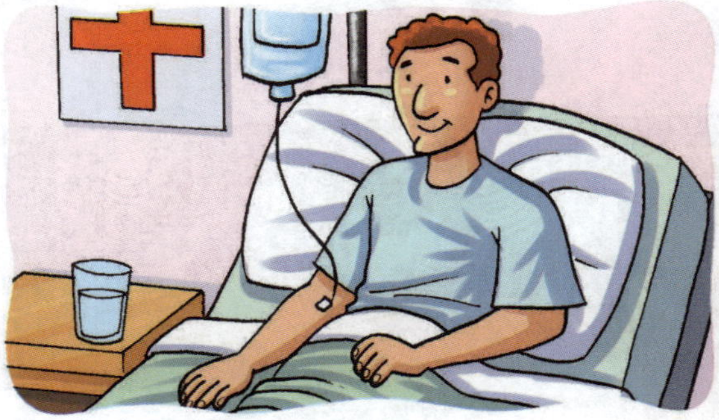

Ilustrações: Ilustra Cartoon/Arquivo da editora

- OS LUGARES AQUI APRESENTADOS SÃO SILENCIOSOS OU BARULHENTOS? POR QUÊ?

....

....

....

O TEMA É...

DIFERENÇAS EXISTEM!

NESTA UNIDADE VOCÊ APRENDEU SOBRE OS SENTIDOS DO CORPO HUMANO E QUAL A FUNÇÃO DELES EM NOSSAS VIDAS. JÁ SABE QUE NOSSO CORPO É UMA MÁQUINA INCRÍVEL E NOS POSSIBILITA FAZER MUITAS COISAS! SABE TAMBÉM QUE TODOS NÓS TEMOS SEMELHANÇAS E DIFERENÇAS FÍSICAS E TAMBÉM NO JEITO DE SER, EM NOSSA IDENTIDADE PESSOAL. ENTENDA MAIS SOBRE ESSAS DIFERENÇAS AGORA.

NOSSA IDENTIDADE NÃO É SOMENTE FEITA POR NOSSAS CARACTERÍSTICAS FÍSICAS, MAS TAMBÉM PELA FORMA COMO NOS PERCEBEMOS, NOS VEMOS DIANTE DO MUNDO.

THE MUSCLEMAN, DE NORMAN ROCKWELL, 1941.
NA OBRA, O ARTISTA RETRATA UM MENINO OBSERVANDO E CONHECENDO SEU CORPO NO ESPELHO.

- **JOGO DAS DIFERENÇAS**. VAMOS CONHECER UM POUCO O GOSTO DE CADA UM DOS ALUNOS? COM O PROFESSOR, VOCÊS VÃO FALAR SOBRE SUAS ATIVIDADES E BRINCADEIRAS PREFERIDAS, COMIDAS QUE MAIS GOSTAM, CORES PREFERIDAS E O QUE MAIS QUISEREM COMPARAR. COM ESSA ATIVIDADE VOCÊS PODERÃO SE CONHECER MELHOR E IDENTIFICAR SEMELHANÇAS E DIFERENÇAS ENTRE VOCÊS.

VOCÊ E SUA IDENTIDADE

A IDENTIDADE É CONSTRUÍDA AO LONGO DE NOSSA VIDA, A PARTIR DAS COISAS E EXPERIÊNCIAS QUE PASSAMOS. [...].

ALÉM DAS CARACTERÍSTICAS FÍSICAS, AOS POUCOS CADA PESSOA VAI FORMANDO O SEU JEITO DE SER, COM SEUS GOSTOS E VONTADES. VOCÊ PODE DESENVOLVER SUA IDENTIDADE NO MOMENTO EM QUE PASSA A FAZER ESCOLHAS, COMO A ROUPA QUE VESTE, A COR DE SUA PREFERÊNCIA, AS COMIDAS QUE MAIS GOSTA, OS AMIGOS, ETC.

PORÉM, É IMPORTANTE APRENDERMOS A CONVIVER COM AS DIFERENÇAS BEM COMO RESPEITÁ-LAS, POIS CADA PESSOA TEM A SUA FORMA DE SER (FÍSICA OU EMOCIONAL) E TEM O DIREITO DE FAZER DIFERENTES ESCOLHAS PARA SUA VIDA.

ESCOLA KIDS. DISPONÍVEL EM: <HTTP://WWW.ESCOLAKIDS.COM/VOCE-E-SUA-IDENTIDADE.HTM>. ACESSO EM: 29 MAI. 2015.

NÓS PODEMOS SER DIFERENTES E SEMELHANTES EM MUITAS COISAS. ESSAS CARACTERÍSTICAS NOS FAZEM SER QUEM SOMOS E NOS TORNAM ÚNICOS. MAS SOMOS TODOS SERES HUMANOS COM OS MESMOS DIREITOS E DEVERES. E VIVA AS DIFERENÇAS!

Luis Louro/Shutterstock/Glow Images

- FAÇA UM DESENHO RETRATANDO VOCÊ E SEU MELHOR AMIGO OU AMIGA FAZENDO UMA ATIVIDADE QUE VOCÊS MAIS GOSTAM. ESCREVA OS NOMES DE VOCÊS PARA FINALIZAR.

IDEIAS EM AÇÃO

COMO VOCÊ É?

COM O PROFESSOR E OS COLEGAS DE CLASSE, LEIA O TEXTO.

Ilustrações: Ilustra Cartoon/Arquivo da editora

PELE

COMO É SUA PELE?

PESCOÇO

SEU PESCOÇO É CURTO OU COMPRIDO?

CABELO

COMO É SEU CABELO?

DEDOS

QUANTOS DEDOS VOCÊ TEM NA MÃO?

E NO PÉ?

VOCÊ CONSEGUE REPRODUZIR SUA MÃO EM UMA FOLHA DE PAPEL?

COMO É A REPRODUÇÃO DE SUA MÃO?

E A DO PÉ, É IGUAL?

MÃOS E PÉS

QUANTAS MÃOS VOCÊ TEM?

TODO MUNDO TEM O PÉ DO MESMO TAMANHO?

Ilustrações: Ilustra Cartoon/Arquivo da editora

PERNAS

QUAL É O TAMANHO DE SUAS PERNAS?

VOCÊ CONSEGUE DAR UM PASSO BEM GRANDE?

QUEM DÁ O PASSO MAIOR?

BRAÇOS

QUAL É O TAMANHO DE SEUS BRAÇOS?

VOCÊ CONSEGUE ABRIR BEM OS BRAÇOS?

E PARA CIMA, ATÉ ONDE ELES VÃO?

EU E MEU CORPO, DE DAVID EVANS E CLAUDETTE WILLIAMS. SÃO PAULO: ÁTICA, 1995.

- O PROFESSOR VAI DIVIDIR A CLASSE EM GRUPOS. CADA GRUPO VAI RECEBER UMA FOLHA GRANDE DE PAPEL PARA DESENHAR O CONTORNO DE UM INTEGRANTE. DEPOIS, JUNTOS, COMPLETEM O QUE ESTIVER FALTANDO.

UNIDADE 2

O MEIO AMBIENTE

Ilustra Cartoon/Arquivo da editora

VAMOS CONVERSAR?

- O AMBIENTE DA IMAGEM SE PARECE COM O LUGAR ONDE VOCÊ VIVE? O QUE HÁ DE SEMELHANTE? E DE DIFERENTE?
- POR QUE UM PERÍODO DO DIA É CLARO E OUTRO PERÍODO É ESCURO?

O QUE VOU ESTUDAR?

- O AMBIENTE AO NOSSO REDOR
- A NATUREZA E SEUS RECURSOS
- UM POUCO MAIS SOBRE OS RECURSOS NATURAIS
- O DIA E A NOITE
- AS ESTAÇÕES DO ANO

CAPÍTULO

4 O AMBIENTE AO NOSSO REDOR

EM NOSSO PLANETA, A TERRA, HÁ MUITAS PAISAGENS DIFERENTES E, EM CADA UMA DELAS, PODEMOS ENCONTRAR ALGUNS DESTES ELEMENTOS: CÉU, MAR, RIOS, LAGOS, MONTANHAS, DESERTOS, VEGETAÇÃO, ANIMAIS OU PESSOAS.

Ilustra Cartoon/Arquivo da editora

OS ANIMAIS (INCLUINDO AS PESSOAS) E AS PLANTAS SÃO OS SERES VIVOS. JÁ O CÉU, A ÁGUA, O VENTO, AS ROCHAS E TUDO O MAIS SÃO OS ELEMENTOS NÃO VIVOS.

ISSO TUDO FORMA UM CONJUNTO QUE CHAMAMOS DE **AMBIENTE**.

ATIVIDADE

- QUANDO VOCÊ OLHA AO SEU REDOR, PODE NOTAR TANTO OS ELEMENTOS NATURAIS COMO OS QUE FORAM CONSTRUÍDOS PELAS PESSOAS, NÃO É MESMO?

  IDENTIFIQUE OS PRINCIPAIS ELEMENTOS QUE CADA IMAGEM APRESENTA E MARQUE NOS QUADRINHOS A LETRA **N** PARA OS ELEMENTOS NATURAIS E A LETRA **C** PARA OS CONSTRUÍDOS PELO SER HUMANO.

STILLFX/Shutterstock/Glow Images

Flavio Conceição Fotos/Getty Images

Fred Cardoso/Shutterstock/Glow Images

Thomaz Vita Neto/Pulsar Imagens

Alex Saberi/National Geographic Creative/Getty Images

varuna/Shutterstock/Glow Images

João Prudente/Pulsar Imagens

Juca Martins/Olhar Imagem

CAPÍTULO 5

A NATUREZA E SEUS RECURSOS

TODOS OS SERES VIVOS DEPENDEM DO AMBIENTE NATURAL PARA A SOBREVIVÊNCIA.

AS PESSOAS CRIAM ANIMAIS E PLANTAM VEGETAIS.

AS PLANTAS PRECISAM DA ÁGUA E DE OUTROS ELEMENTOS DA NATUREZA.

Ilustrações: Ilustra Cartoon/Arquivo da editora

OS ANIMAIS ALIMENTAM-SE DO QUE A NATUREZA PODE LHES OFERECER.

NA NATUREZA SE ENCONTRAM TODOS OS ELEMENTOS QUE TORNAM POSSÍVEL A EXISTÊNCIA DOS SERES VIVOS NA TERRA, COMO A ÁGUA, O AR, O SOLO E A LUZ DO SOL. ELES SÃO OS **RECURSOS NATURAIS**.

ATIVIDADES

1 MATEUS COSTUMA OBSERVAR MUITAS COISAS NO CAMINHO DE SUA CASA ATÉ A ESCOLA. SÃO TANTAS COISAS QUE ELE ATÉ FEZ UMA LISTA E AGORA PRECISA PINTAR ASSIM:

SERES VIVOS E ELEMENTOS NÃO VIVOS.

VAMOS AJUDÁ-LO?

Ilustra Cartoon/Arquivo da editora

☐ PÁSSAROS	☐ PESSOAS	☐ VENTO	☐ SEMÁFORO
☐ CARRO	☐ PLANTAS	☐ CASAS	☐ GATO

2 IMAGINE QUE VOCÊ ESTÁ NO LOCAL DA PAISAGEM AO LADO. FECHE OS OLHOS POR ALGUNS MINUTOS E PASSEIE POR TODO O LUGAR, TENTANDO APRECIAR TUDO O QUE EXISTE NELE.

DEPOIS, ABRA OS OLHOS E CONTE A SEUS COLEGAS O QUE VOCÊ VIU E SENTIU. POR FIM, ESCREVA, EM UMA FOLHA AVULSA, UM PEQUENO TEXTO SOBRE SUA EXPERIÊNCIA.

Valdemir Cunha/Arquivo da editora

CAPÍTULO 6 UM POUCO MAIS SOBRE OS RECURSOS NATURAIS

COMO JÁ VIMOS, É GRAÇAS AOS RECURSOS NATURAIS QUE EXISTE VIDA EM NOSSO PLANETA.

VAMOS ESTUDAR UM POUCO MAIS SOBRE CADA UM DELES?

A ÁGUA

A ÁGUA É A SUBSTÂNCIA ESSENCIAL PARA A SOBREVIVÊNCIA DE TODOS OS SERES VIVOS. SEM ELA NÃO É POSSÍVEL EXISTIR VIDA NA TERRA.

VEJA, NAS IMAGENS ABAIXO, ALGUNS EXEMPLOS DE COMO A ÁGUA PODE SER UTILIZADA.

Luciano Candisani/kino.com.br

Ariel Skelley/Corbis/Latinstock

Ariwasabi/Shutterstock/Glow Images

Vytautas Kielaitis/Shutterstock/Glow Images

ATIVIDADES

1 VOCÊ JÁ SABE QUE A ÁGUA É UM RECURSO DA NATUREZA. MAS VOCÊ SABIA QUE, SE NÃO HOUVER CUIDADO, UM DIA A ÁGUA PODE ACABAR? COMPLETE AS FRASES CONFORME O QUE CADA CRIANÇA ESTÁ FAZENDO.

Ilustrações: Ilustra Cartoon/Arquivo da editora

RODRIGO .... OS DENTES COM A TORNEIRA ....

TALITA .... OS DENTES COM A TORNEIRA ....

A) QUAL DAS CRIANÇAS ESTÁ EVITANDO O DESPERDÍCIO DE ÁGUA?

....

B) E VOCÊ, O QUE COSTUMA FAZER PARA NÃO DESPERDIÇAR ÁGUA EM SEU DIA A DIA? CONTE AOS COLEGAS DA CLASSE.

2 NOSSA SAÚDE DEPENDE, EM GRANDE PARTE, DA ÁGUA QUE BEBEMOS. ESCREVA A PRIMEIRA LETRA DE CADA FIGURA E DESCUBRA COMO SE CHAMA A ÁGUA PRÓPRIA PARA SE BEBER.

O AR

ASSIM COMO A ÁGUA, O AR É MUITO IMPORTANTE PARA A VIDA DOS SERES HUMANOS, DOS OUTROS ANIMAIS E DOS VEGETAIS.

O AR É INVISÍVEL, MAS MESMO SEM CONSEGUIR VÊ-LO PODEMOS PERCEBER SUA PRESENÇA NO AMBIENTE.

Yarek Gora/Shutterstock/Image Plus

QUANDO UMA PESSOA RESPIRA, O AR ENTRA NOS PULMÕES DELA.

Felix Mizioznikov/Shutterstock/Image Plus

O VENTO QUE ENVOLVE A MENINA DESPENTEIA OS SEUS CABELOS.

Cebas/Shutterstock/Glow Images

É O AR QUE ENCHE O PNEU DA BICICLETA.

PODEMOS SENTIR A PRESENÇA DO AR QUANDO ESTÁ VENTANDO. O VENTO NADA MAIS É DO QUE O AR EM MOVIMENTO.

ATIVIDADES

1 QUAL DAS FRASES É A VERDADEIRA? ASSINALE.

( ) O AR É UM SER VIVO.

( ) O AR É IMPORTANTE PARA A RESPIRAÇÃO.

( ) O AR NÃO PODE SER PERCEBIDO.

2 OBSERVE AS DUAS FIGURAS A SEGUIR.

Ilustrações: Ilustra Cartoon/Arquivo da editora

- AGORA, ASSINALE AS FRASES VERDADEIRAS.

( ) NAS DUAS CENAS, RESPIRA-SE A MESMA QUALIDADE DE AR.

( ) NA CENA 2, AS PESSOAS RESPIRAM UM AR MAIS PURO.

( ) NA CENA 1, AS PESSOAS RESPIRAM UM AR BASTANTE POLUÍDO.

3 EM SUA OPINIÃO, QUAL É A QUALIDADE DO AR QUE VOCÊ RESPIRA (EM CASA, NA ESCOLA)? SE A QUALIDADE DO AR NÃO FOR BOA, O QUE VOCÊ ACHA QUE DEVE SER FEITO PARA MELHORAR ESSA SITUAÇÃO? CONVERSE SOBRE ISSO COM O PROFESSOR E A CLASSE.

O SOLO

ASSIM COMO OS OUTROS RECURSOS, O SOLO É MUITO IMPORTANTE PARA OS SERES VIVOS.

O SOLO ABRIGA MUITOS SERES VIVOS. ALGUNS SÃO ENORMES (COMO OS ELEFANTES E AS ÁRVORES), PORÉM OUTROS SÃO TÃO PEQUENOS QUE NEM SEQUER PODEM SER VISTOS A OLHO NU. CADA UM DELES TEM SUA IMPORTÂNCIA NA NATUREZA.

Ilustrações: Osni de Oliveira/Arquivo da editora

VOCÊ CONHECE ALGUNS DESSES SERES VIVOS?

ATIVIDADES

1 O SOLO É MUITO IMPORTANTE PARA NÓS, SERES HUMANOS, POIS É SOBRE ELE QUE VIVEMOS E DE ONDE COLHEMOS NOSSO ALIMENTO. OBSERVE AS CENAS ABAIXO E ESCREVA O QUE AS PESSOAS ESTÃO FAZENDO NO SOLO.

Ilustrações: Ilustra Cartoon/Arquivo da editora

....

....

....

....

....

....

....

....

....

2 EM MUITOS LUGARES A VEGETAÇÃO É COMPLETAMENTE RETIRADA. QUANDO ACONTECE O DESMATAMENTO, O SOLO FICA POBRE E PODE ATÉ SER DESTRUÍDO PELA FORÇA DAS ÁGUAS. NA CENA ABAIXO, MOSTRE COM DESENHOS O QUE VOCÊ ACHA QUE DEVE SER FEITO PARA MELHORAR ESSA SITUAÇÃO.

A LUZ DO SOL

NÃO HAVERIA VIDA NA TERRA SEM A LUZ E O CALOR DO SOL.

EMBORA APENAS UMA PEQUENA PARTE DE TODA A ENERGIA SOLAR SEJA RECEBIDA POR NOSSO PLANETA, ELA É RESPONSÁVEL PELA LUZ, PELO CALOR E TAMBÉM POR TODOS OS FENÔMENOS METEOROLÓGICOS QUE ACONTECEM NA TERRA: VENTOS, CHUVA, ETC.

SAIBA MAIS

O SOL

Luiz Aureliano/Arquivo da editora

NÃO PARECE, MAS É UMA ESTRELA.

É A ESTRELA MAIS PRÓXIMA DA TERRA, TÃO PRÓXIMA QUE NÃO É UM PINGO A PISCAR NA NOITE, MAS SIM UMA BOLA DE FOGO A QUEIMAR TODOS OS DIAS.

ESTOU FALANDO DO REI DA NATUREZA, O TODO-PODEROSO SOL!

O SOL, DE KHALED GHOUBAR. SÃO PAULO: FTD, 2000.

ATIVIDADES

1 DESCUBRA A RESPOSTA DA ADIVINHA A SEGUIR. DEPOIS, FAÇA UM DESENHO SOBRE A RESPOSTA ENCONTRADA E ESCREVA UMA FRASE COM ELA.

O QUE É, O QUE É?

É UMA ESTRELA QUE AQUECE E ILUMINA A TERRA; SEM ELA TODAS AS PESSOAS, OS ANIMAIS E AS PLANTAS MORRERIAM.

....

2 O SOL É RESPONSÁVEL PELA FORMAÇÃO DAS NUVENS, QUE PROVOCAM AS CHUVAS. ANALISE COM MUITA ATENÇÃO AS FIGURAS ABAIXO E TENTE EXPLICAR ORALMENTE O QUE ACONTECE.

Ilustrações: Cassiano Röda/Arquivo da editora

O TEMA É...

COMO CUIDAR DOS RECURSOS NATURAIS

NESTA UNIDADE VOCÊ APRENDEU UM POUCO MAIS SOBRE OS RECURSOS NATURAIS E DESCOBRIU COMO ELES SÃO IMPORTANTES PARA A VIDA NO PLANETA TERRA. VAMOS FALAR AGORA SOBRE AS FORMAS DE SE PRESERVAR OS RECURSOS NATURAIS COMO A ÁGUA, O AR E O SOLO.

POLUIÇÃO DO SOLO E DO AR

ASSIM COMO A ÁGUA, O SOLO E O AR TAMBÉM SOFREM COM A POLUIÇÃO. A POLUIÇÃO DO AR PODE ATÉ MESMO CAUSAR MORTES EM PESSOAS QUE FICAM EXPOSTAS A ELA DURANTE MUITO TEMPO DA VIDA. ISSO PORQUE ELA CAUSA DOENÇAS RESPIRATÓRIAS MUITO GRAVES.

Rubens Chaves/Pulsar Imagens

A ÁGUA É NOSSO BEM NATURAL MAIS PRECIOSO. SEM ELA, NÃO SOBREVIVERÍAMOS NA TERRA. E SE ELA É TÃO IMPORTANTE, NOSSOS ESFORÇOS PARA PRESERVAR A ÁGUA DEVERIAM SER ENORMES. MAS NÃO É ISSO O QUE ACONTECE. O QUE VEMOS NOS DIAS ATUAIS SÃO PESSOAS E EMPRESAS POLUINDO AINDA MAIS NOSSOS RIOS. ISSO É ALGO MUITO SÉRIO E PREOCUPANTE!

Ricardo Beliel/Brazil Photos/LightRocket via Getty Images

Rogério Reis/Tyba

O SOLO E O AR TAMBÉM FAZEM PARTE DOS RECURSOS NATURAIS. ASSIM COMO A ÁGUA, ELES SÃO VITAIS PARA TODOS OS SERES VIVOS DO PLANETA. QUANDO ESTÃO POLUÍDOS, ELES DEIXAM DE SOMENTE TRAZER BENEFÍCIOS E PODEM ATÉ CAUSAR DOENÇAS E MORTES.

AMBIENTE NATURAL E AMBIENTE MODIFICADO

PODEMOS CONSIDERAR COMO RECURSOS NATURAIS O SOLO, A ÁGUA, OS SERES VIVOS, O AR, A LUZ E O CALOR, QUE COMPÕEM A FORMAÇÃO DE DETERMINADO LUGAR.

O CRESCIMENTO POPULACIONAL DOS SERES HUMANOS CONTRIBUIU PARA QUE GRANDE QUANTIDADE DA NATUREZA FOSSE DESTRUÍDA E ISSO ACARRETOU EM GRANDES PROBLEMAS À VIDA DO PLANETA.

A POLUIÇÃO DAS CIDADES TEM CAUSADO MUITOS PROBLEMAS, COMO A DESTRUIÇÃO DA CAMADA DE OZÔNIO, FAVORECENDO O AUMENTO DE DOENÇAS COMO O CÂNCER E AS DOENÇAS RESPIRATÓRIAS.

FONTE: ESCOLA KIDS. *AMBIENTE NATURAL E AMBIENTE MODIFICADO*. DISPONÍVEL EM: <HTTP://WWW.ESCOLAKIDS.COM/AMBIENTE-NATURAL-E-AMBIENTE-MODIFICADO.HTM>. ACESSO EM: 30 MAI. 2015.

QUANDO O SER HUMANO INTERFERE NA PAISAGEM EM QUE VIVE, ELE CRIA CONDIÇÕES DE SOBREVIVÊNCIA. MAS TAMBÉM PODE CRIAR PROBLEMAS PARA A NATUREZA. A POLUIÇÃO É O RESULTADO DESSA INTERFERÊNCIA PROBLEMÁTICA.

- VAMOS FAZER O MANIFESTO DO RECURSOS NATURAIS. PARA ISSO, VOCÊS DEVERÃO SE SEPARAR EM GRUPOS. CADA GRUPO DEVERÁ ESCREVER EM UM CARTAZ UM CONSELHO PARA AS PESSOAS SOBRE COMO ELAS DEVEM PRESERVAR E CONSERVAR OS RECURSOS NATURAIS. O CONSELHO TAMBÉM PODE SER SOBRE OS BENEFÍCIOS E A IMPORTÂNCIA DA ÁGUA. PROCUREM DAR CONSELHOS DIFERENTES. PARA ESCREVER O CONSELHO, VOCÊS PODEM PESQUISAR MAIS SOBRE A POLUIÇÃO DO AR, DO SOLO E DA ÁGUA. VOCÊS TAMBÉM PODEM FAZER DESENHOS NESSE CARTAZ, REPRESENTANDO O TEXTO. DEPOIS, FAÇAM UMA EXPOSIÇÃO NA ESCOLA. O NOME DA EXPOSIÇÃO PODE SER *MANIFESTO DOS RECURSOS NATURAIS*.

CAPÍTULO 7

O DIA E A NOITE

A TERRA SE MOVIMENTA AO REDOR DE SI MESMA GIRANDO SEM PARAR, COMO SE FOSSE UM PIÃO. ASSIM, UM PERÍODO DO DIA É CLARO — CHAMAMOS DE DIA — E OUTRO É ESCURO — CHAMAMOS DE NOITE.

VEJA ISSO NAS IMAGENS ABAIXO.

Sergio Pitamitz/Corbis/Glow Images

RIO DE JANEIRO (RJ) DE DIA.

Felipe Dana/Associeted Press/Glow Images

RIO DE JANEIRO (RJ) À NOITE.

SAIBA MAIS

CÉU ESTRELADO

VOCÊ SABIA QUE O CÉU É ESTRELADO MESMO DURANTE O DIA? ENTÃO POR QUE SÓ VEMOS AS ESTRELAS À NOITE?

ISSO ACONTECE PORQUE A INTENSIDADE DA LUZ DO SOL OFUSCA O BRILHO DAS OUTRAS ESTRELAS E DOS PLANETAS, QUE REFLETEM A LUZ SOLAR.

ATIVIDADE

- CONVERSE COM SEU PROFESSOR E COLEGAS DE CLASSE SOBRE O ASSUNTO AQUI ESTUDADO. DEPOIS ANALISE AS SITUAÇÕES APRESENTADAS A SEGUIR E ESCREVA SE ELAS ESTÃO OCORRENDO DURANTE O DIA OU A NOITE.

Ilustrações: Ilustra Cartoon/Arquivo da editora

CAPÍTULO 8

AS ESTAÇÕES DO ANO

AO MESMO TEMPO QUE A TERRA GIRA AO REDOR DE SI MESMA COMO SE FOSSE UM PIÃO, ELA TAMBÉM GIRA AO REDOR DO SOL.

EM DETERMINADAS ÉPOCAS DO ANO, ALGUMAS PARTES DA TERRA RECEBEM MAIS CALOR DO SOL E OUTRAS PARTES RECEBEM MENOS CALOR. POR ESSE MOTIVO OCORREM AS ESTAÇÕES DO ANO.

VEJA ALGUMAS FOTOS DA CIDADE DE CURITIBA EM DIFERENTES ÉPOCAS DO ANO.

Gerson Gerloff/Pulsar Imagens

PRIMAVERA

Luciana Whitaker/Pulsar Imagens

VERÃO

Thomaz Vita Neto/Pulsar Imagens

OUTONO

Rodolfo Buhrer/La Imagem/Fotoarena

INVERNO

ATIVIDADES

1 VEJA AS FIGURAS A SEGUIR E COMPLETE AS FRASES COM AS PALAVRAS DO QUADRO.

VERÃO	FRIO	CALOR	INVERNO

Ilustrações: Ilustra Cartoon/Arquivo da editora

O TEMPO DE ....

É CHAMADO DE ....

O TEMPO DE ....

É CHAMADO DE ....

2 EM UMA FOLHA AVULSA, FAÇA UM DESENHO MOSTRANDO EM QUAL ESTAÇÃO DO ANO ESTAMOS E COMO AS PESSOAS SE VESTEM NESSA ESTAÇÃO NO LUGAR ONDE VOCÊ MORA.

3 O QUE PODEMOS FAZER PARA ECONOMIZAR ENERGIA ELÉTRICA TANTO NO VERÃO QUANTO NO INVERNO? CONVERSE COM OS COLEGAS A RESPEITO DISSO. DEPOIS, EM UM CARTAZ COLETIVO, LISTEM CADA ITEM E, SE POSSÍVEL, ILUSTREM E AFIXEM NO MURAL DA SALA DE AULA.

IDEIAS EM AÇÃO

EXPLORANDO O AMBIENTE

O PROFESSOR LEVARÁ VOCÊ E SUA TURMA PARA CONHECER MELHOR O AMBIENTE EM QUE ESTÁ A SUA ESCOLA E OBSERVAR SEUS COMPONENTES. NÃO SE ESQUEÇA DE LEVAR LÁPIS E CADERNO PARA ANOTAR O QUE VOCÊ OBSERVAR.

PROCEDIMENTO

1. COM SEUS COLEGAS, ELABORE UM ROTEIRO DO QUE OBSERVAR NO AMBIENTE. VEJA ABAIXO UMA SUGESTÃO.

- O AMBIENTE É NATURAL OU FOI MODIFICADO PELO SER HUMANO?
- QUAIS ELEMENTOS NATURAIS NÃO VIVOS VOCÊ CONSEGUE IDENTIFICAR? DE QUE FORMA VOCÊ PERCEBE A PRESENÇA DELES?
- VOCÊ VÊ ALGUM COMPONENTE DO AMBIENTE CONSTRUÍDO PELO SER HUMANO? QUAL(IS)?
- VOCÊ CONSEGUE VER OU ESCUTAR ALGUM ANIMAL? QUAL(IS)?
- VOCÊ NOTOU A PRESENÇA DE PLANTAS? COMO ELAS SÃO: GRANDES OU PEQUENAS?

Ilustra Cartoon/Arquivo da editora

2. EM GRUPOS, FAÇAM UM REGISTRO DE TUDO AQUILO QUE VOCÊS OBSERVARAM DO AMBIENTE AO REDOR DE SUA ESCOLA. ESCOLHAM UMA MANEIRA PARA REPRESENTAR O QUE DESCOBRIRAM: PODE SER UM DESENHO, UM TEXTO, UMA HISTÓRIA EM QUADRINHOS, UMA MÚSICA, ENTRE OUTRAS COISAS.

3. DEPOIS, APRESENTE SUA PRODUÇÃO AOS DEMAIS COLEGAS E AO PROFESSOR.

Ilustra Cartoon/Arquivo da editora

UNIDADE

3 OS SERES VIVOS

Ilustra Cartoon/Arquivo da editora

VAMOS CONVERSAR?

- QUAL É A DIFERENÇA ENTRE UM ANIMAL E UMA PLANTA?
- QUAIS PLANTAS É POSSÍVEL OBSERVAR NO AMBIENTE AO LADO? E QUAIS ANIMAIS?

O QUE VOU ESTUDAR?

- OS ANIMAIS
- OS VEGETAIS

MANACÁ-DA-SERRA
PALMEIRA
IPÊ-AMARELO

CAPÍTULO 9

OS VEGETAIS

OS DIFERENTES TIPOS DE PLANTAS

EXISTEM MUITOS TIPOS DE VEGETAIS OU PLANTAS, QUE NASCEM E SE DESENVOLVEM EM DIFERENTES LUGARES.

ENCONTRAMOS PLANTAS NO SOLO, NA ÁGUA E ATÉ MESMO APOIADAS SOBRE OUTRAS PLANTAS.

Fabio Colombini/Acervo do fotógrafo

AS CARNAÚBAS CRESCEM NO SOLO.

joloei/Shutterstock/Glow Images

AS ORQUÍDEAS CRESCEM APOIADAS EM TRONCOS DE ÁRVORES.

Kang Khoon Seang/Shutterstock/Glow Images

AS VITÓRIAS-RÉGIAS CRESCEM BOIANDO NA ÁGUA.

SAIBA MAIS

A VITÓRIA-RÉGIA

A VITÓRIA-RÉGIA É UMA PLANTA AQUÁTICA TÍPICA DA REGIÃO AMAZÔNICA. SUAS FOLHAS PODEM CHEGAR A 2 METROS DE DIÂMETRO. AS FOLHAS DA VITÓRIA-RÉGIA CONSEGUEM SUPORTAR O PESO DE UMA CRIANÇA PEQUENA SEM AFUNDAR NA ÁGUA.

DISPONÍVEL EM: <WWW.CANALKIDS.COM.BR/MEIOAMBIENTE/MUNDODASPLANTAS/VITORIA.HTM>. ACESSO EM: 11 JUN. 2015. TEXTO ADAPTADO.

AS PLANTAS TAMBÉM POSSUEM TAMANHOS E FORMAS DIFERENTES.

ALGUMAS SÃO TÃO GRANDES E FORTES QUE CONSEGUEM AGUENTAR O PESO DE UMA CRIANÇA. OUTRAS SÃO TÃO PEQUENAS QUE ÀS VEZES É ATÉ DIFÍCIL DE AS ENXERGAR.

- VOCÊ COSTUMA BRINCAR EM ÁRVORES?

Balfour Studios/Alamy/Latinstock

- CUIDADO PARA NÃO PISAR NESSAS FLORES!

Olga Utlyakova/Shutterstock/Glow Images

PODEMOS UTILIZAR AS PLANTAS PARA MUITAS COISAS. VOCÊ COME VERDURAS, FRUTAS E VÊ FLORES E ARBUSTOS ENFEITANDO A CIDADE. TODAS ELAS SÃO PLANTAS.

QUERIDO, TOME ESTE CHÁ DE LIMÃO PARA MELHORAR SUA TOSSE!

Ilustra Cartoon/Arquivo da editora

ATIVIDADES

1 DESEMBARALHE AS LETRAS DAS PALAVRAS E, DEPOIS, COMPLETE A FRASE COM ELAS.

OLSO	RA	ZLU SLOAR	GAUÁ

AS PLANTAS SÃO SERES VIVOS E PRECISAM DE ....,

...., ... E ....

PARA VIVER E SE DESENVOLVER.

2 ALGUMAS PLANTAS CRESCEM ALTAS E RETAS, OUTRAS POSSUEM MUITOS GALHOS, E OUTRAS, AINDA, SÃO BAIXAS E RASTEIRAS.
PROCURE EM REVISTAS UMA FIGURA DE PLANTA E COPIE-A NO QUADRO ABAIXO. DEPOIS, ESCREVA O NOME DELA, COMO ELA É E COMO É O AMBIENTE EM QUE VIVE.

....

....

....

PARTES DE UM VEGETAL

ESTE CAJUEIRO ESTÁ CARREGADO DE FRUTOS. NUMERE SUAS PARTES DE ACORDO COM A LEGENDA.

1 → RAIZ

2 → CAULE

3 → FOLHA

4 → FLOR

5 → FRUTO

Osni de Oliveira/Arquivo da editora

PARA SER SAUDÁVEL, É PRECISO INCLUIR, EM NOSSA ALIMENTAÇÃO, DIVERSOS TIPOS DE VEGETAIS, COMO FRUTAS, VERDURAS E CEREAIS.

VEJA AS PARTES DE VEGETAIS NESTA PÁGINA E NA PÁGINA SEGUINTE. QUAIS DELAS VOCÊ COSTUMA COMER? CONTE AOS COLEGAS.

SE LEMBRAR DE MAIS ALGUM EXEMPLO, DESENHE-O NOS QUADROS EM BRANCO AO LADO.

SEMENTE

AN NGUYEN/Shutterscotk/Glow Images

GRÃOS DE FEIJÃO

Sergiy Kuzmin/Shutterstock/Glow Images

VAGEM

Lopatin Anton/Shutterstock/Glow Images

AMENDOIM

RAIZ

ultimathule/Shutterstok/Glow Images

CENOURA

Ramon L. Farinos/Shutterstock/Glow Images

RABANETE

Binh Thanh Bui/Shutterstock/Glow Images

MANDIOCA

CAULE

Swapan Photography/Shutterstocl/Glow Images

CANA-DE-AÇÚCAR

diogoppr/Shutterstock/Glow Images

PALMITO

Fabio Colombini/Acervo do fotógrafo

INHAME

FOLHA

Gavran333/Shutterstock/Glow Images

ALFACE

Vinicius Tupinamba/Shutterstock/Glow Images

COUVE

monticello/Shutterstock/Glow Images

REPOLHO

....

FLOR

MidoSemsem/Shutterstock/Glow Images

ALCACHOFRA

Kalin Eftimov/Shutterstock/Glow Images

BRÓCOLIS

Egor Rodynchenko/Shutterstock/Glow Images

COUVE-FLOR

....

FRUTO

Maks Narodenko/Shutterstock/Glow Images

ABACAXI

Maks Narodenko/Shutterstock/Glow Images

LARANJA

Tim UR/Shutterstock/Glow Images

TOMATE

....

COMO NASCEM AS PLANTAS

AS PLANTAS, COMO OS DEMAIS SERES VIVOS, POSSUEM CICLO DE VIDA: NASCEM, CRESCEM, PODEM SE REPRODUZIR, DANDO ORIGEM A NOVAS PLANTAS, E MORREM.

MUITAS SE REPRODUZEM POR MEIO DE SEMENTES, QUE FICAM DENTRO DOS FRUTOS.

NO SOLO, DEPOIS DE RECEBER LUZ, ÁGUA E ALIMENTO, AS SEMENTES TRANSFORMAM-SE EM NOVAS PLANTAS.

v.s.anandhakrishna/Shutterstock/Glow Images

ERVILHA

oriori/Shutterstock/Glow Images

MAMÃO

Valery121283/Shutterstock/Glow Images

ABACATE

Maryna Pleshkun/Shutterstock/Glow Images

MELANCIA

EXISTEM ALGUNS VEGETAIS QUE PODEM SE REPRODUZIR A PARTIR DE MUDAS, COMO A VIOLETA E A ROSEIRA.

Chamille White/Shutterstock/Glow Images

ROSEIRA

Africa Studio/Shutterstock/Glow Images

VIOLETA

ATIVIDADES

1 FLORA COMEU UMA FATIA DE MELANCIA E JOGOU AS SEMENTES NO JARDIM. DEPOIS DE ALGUNS DIAS, A MENINA FICOU ESPANTADA COM O QUE VIU. VOCÊ SABE EXPLICAR O QUE ACONTECEU? ENTÃO CONTE AOS COLEGAS DE CLASSE.

UAU, ESTÁ NASCENDO UMA PLANTINHA!

Ilustrações: Ilustra Cartoon/Arquivo da editora

2 NUMERE AS FIGURAS NA ORDEM CORRETA E COMPLETE AS FRASES COM AS PALAVRAS DO QUADRO.

NASCENDO	CRESCENDO	MORRENDO

A PLANTA ESTÁ ....

A PLANTA ESTÁ ....

A PLANTA ESTÁ ....

Ilustrações: Jurandir Ribeiro/Arquivo da editora

CAPÍTULO 10

OS ANIMAIS

OED

EXISTEM DIVERSOS TIPOS DE ANIMAIS NA NATUREZA E UNS SÃO DIFERENTES DOS OUTROS.

VAMOS VER ALGUNS CASOS:

Dynamic Graphics/ Arquivo da editora

ALGUNS TÊM ASAS.

Divulgação/EMBRAPA

OUTROS NÃO POSSUEM ASAS.

Digital Vision/Arquivo da editora

ALGUNS SÃO GRANDES.

Saulo Mazzoni/Arquivo da editora

OUTROS SÃO PEQUENOS.

Saulo Mazzoni/Arquivo da editora

ALGUNS TÊM PERNAS.

Digital Vision/Arquivo da edito

OUTROS NÃO POSSUEM PERNAS.

Saulo Mazzoni/Arquivo da editora

ALGUNS SÃO RÁPIDOS.

Dynamic Graphics/ Arquivo da editora

OUTROS SÃO LENTOS.

ONDE VIVEM OS ANIMAIS

PODEMOS ENCONTRAR ANIMAIS EM VÁRIOS AMBIENTES.

LEIA O TEXTO A SEGUIR COM OS COLEGAS E O PROFESSOR.

DEBAIXO DA ÁGUA

NO FUNDO DO MAR VIVEM SERES DIFERENTES, COMO ESTRELAS-DO-MAR DE ATÉ 50 BRAÇOS E CERCA DE 100 ESPÉCIES DE PEIXES QUE SÓ EXISTEM LÁ. PARA NÃO MORRER DE FRIO NO INVERNO, MUITOS ANIMAIS MARINHOS TÊM SUBSTÂNCIAS ESPECIAIS NO SANGUE PARA IMPEDIR SEU CONGELAMENTO.

REVISTA **RECREIO**. SÃO PAULO: ABRIL, ANO 3, N. 119, JUN. 2002.

Bill Kennedy/Shutterstock/Glow Images

APESAR DO NOME, O CAVALO-MARINHO É UM PEIXE.

NA IMAGEM ABAIXO, PINTE OS PONTINHOS PARA DESCOBRIR UMA AVE QUE VIVE NAS ÁGUAS DAS REGIÕES MAIS GELADAS DO PLANETA.

Ilustra Cartoon/Arquivo da editora

O NOME DO ANIMAL QUE VOCÊ ENCONTROU É ....

ATIVIDADES

1 OBSERVE ALGUNS ANIMAIS EM DIFERENTES AMBIENTES.

Ilustrações: Jurandir Ribeiro/ Arquivo da editora

A) QUAL É O ANIMAL QUE PODE VOAR?

....

B) DOS ANIMAIS ACIMA, QUAIS VIVEM NA ÁGUA?

....

C) E QUAIS VIVEM NA TERRA?

....

2 COMPLETE AS FRASES COM AS EXPRESSÕES **NA ÁGUA**, **NA TERRA** OU **NO AR**.

A) OS  VIVEM ....

B) O  E O  VIVEM ....

C) A  FICA BASTANTE TEMPO ....

3 CONVERSE COM SEUS COLEGAS E PROFESSOR E TENTE RESPONDER ÀS PERGUNTAS: SERÁ QUE OS ANIMAIS QUE VIVEM NA TERRA PODERIAM SOBREVIVER NA ÁGUA? E OS QUE VIVEM NA ÁGUA PODERIAM SOBREVIVER NA TERRA? QUE TIPO DE DIFICULDADE ELES PODERIAM ENCONTRAR?

4 DESENHE NO ESPAÇO ABAIXO ANIMAIS QUE VOCÊ JÁ VIU NO PÁTIO DA ESCOLA, NO QUINTAL DE SUA CASA OU EM UM JARDIM.

- AGORA, COM AJUDA DO PROFESSOR, RESPONDA:

A) QUAL É O NOME DO ANIMAL QUE VOCÊ DESENHOU?

....

B) ONDE ESSE ANIMAL VIVE, NA TERRA OU NA ÁGUA?

....

ANIMAIS SILVESTRES E ANIMAIS DOMESTICADOS

OS ANIMAIS QUE VIVEM LIVRES NA NATUREZA SÃO CHAMADOS DE **ANIMAIS SILVESTRES**.

VOCÊ SABE O NOME DOS ANIMAIS QUE APARECEM NESTA PÁGINA? CONVERSE COM OS COLEGAS E O PROFESSOR SOBRE ISSO.

Worananphoto/Shutterstock/Glow Images

Mikadun/Shutterstock/Glow Images

OS ANIMAIS QUE SÃO CRIADOS PELOS SERES HUMANOS SÃO CHAMADOS DE **ANIMAIS DOMESTICADOS**.

Joy Brown/Shutterstock/Glow Images

Yiannis Papadimitriou/Shutterstock/Glow Images

ATIVIDADES

1 PINTE OS ANIMAIS DE ACORDO COM A LEGENDA ABAIXO.

- (amarelo) ANIMAL CRIADO PARA A PRODUÇÃO DE OVOS E CARNE.
- (marrom) ANIMAL CRIADO PARA A PRODUÇÃO DE LEITE E CARNE.
- (rosa) ANIMAL CRIADO PARA A PRODUÇÃO DE CARNE.
- (verde) ANIMAL QUE VIVE NA FLORESTA.

Ilustrações: Osni de Oliveira/Arquivo da editora

2 ALGUNS ANIMAIS DOMESTICADOS SÃO DENOMINADOS **ANIMAIS DE ESTIMAÇÃO**. ELES SÃO CRIADOS EM CASA COM CARINHO E CUIDADOS ESPECIAIS PARA FAZER COMPANHIA ÀS PESSOAS QUE OS CRIAM.
EM SEU CADERNO, DESENHE O ANIMAL DE ESTIMAÇÃO QUE VOCÊ TEM EM CASA OU QUE GOSTARIA DE TER E ESCREVA QUE ESPÉCIE DE ANIMAL ELE É (POR EXEMPLO: CACHORRO, GATO, PASSARINHO).

- JUNTE-SE AOS COLEGAS QUE ESCOLHERAM O MESMO ANIMAL QUE VOCÊ. DEPOIS, COMPLETE A FICHA COM AS INFORMAÇÕES PEDIDAS.
  COMO CUIDO:

- DE SUA ALIMENTAÇÃO ....
- DE SUA HIGIENE E SAÚDE ....
- DO AMBIENTE ONDE VIVE ....

O TEMA É...

ADOÇÃO DE ANIMAIS DOMÉSTICOS

QUEM TEM ANIMAL DE ESTIMAÇÃO EM CASA SABE O QUANTO É GOSTOSO CONVIVER COM ELE. APESAR DE SEREM ANIMAIS, ELES NECESSITAM DE CUIDADOS ESPECIAIS. GATOS E CACHORROS DEVEM SER CASTRADOS. ISSO PORQUE ELES COSTUMAM TER FILHOTES MUITAS VEZES DURANTE A VIDA E ISSO PODE SER UM PROBLEMA PARA SEUS DONOS. A ADOÇÃO RESPONSÁVEL É UMA DAS FORMAS DE CONTRIBUIR PARA A DIMINUIÇÃO DE ANIMAIS NAS RUAS.

Arquivo da editora

Amigo não se compra, adota!
Participe da primeira adoção de Cães e Gatos aqui no Enxuto.
Dia 02 de Junho das 9h às 14h.
Patinhas de Anjo

MUITAS ONGS FAZEM CAMPANHAS DE ADOÇÃO DURANTE O ANO TODO. ESSA É UMA DAS FORMAS DE INCENTIVAR ESSA PRÁTICA QUE AJUDA MUITOS ANIMAIS.

ADOTE UM AMIGO

NO ATO DA ADOÇÃO, A PESSOA INTERESSADA EM LEVAR PARA CASA UM ANIMAL DE ESTIMAÇÃO PASSA POR UMA BREVE ENTREVISTA QUE GARANTE QUE O ANIMAL SERÁ ADEQUADO AO ESPAÇO FÍSICO E À COMPOSIÇÃO FAMILIAR DA NOVA CASA. [...]

OS NOVOS DONOS DESSES ANIMAIS DEVERÃO EXERCER UMA GUARDA RESPONSÁVEL, QUE NÃO IMPLIQUE EM UM NOVO ABANDONO. [...]

O ADOTANTE DEVE SER ESCLARECIDO QUE, AO ADOTAR UM ANIMAL, A PESSOA SERÁ RESPONSÁVEL POR ELE DURANTE TODO O PERÍODO DE SUA VIDA, ALIMENTANDO-O, OFERECENDO ABRIGO COMPATÍVEL COM O PORTE E TEMPERAMENTO, EDUCANDO-O, DANDO ASSISTÊNCIA VETERINÁRIA E CARINHO.

NÃO BASTA ADOTAR, A POPULAÇÃO DEVE SE CONSCIENTIZAR SOBRE A GUARDA RESPONSÁVEL DE ANIMAIS DE ESTIMAÇÃO.

VEJA ALGUNS ITENS IMPORTANTES:

USAR COLEIRA E GUIA

DURANTE O PASSEIO, UTILIZE SEMPRE COLEIRA E GUIA. É SEGURANÇA PARA O ANIMAL E PARA AS PESSOAS. SE O ANIMAL FOR BRAVO, UTILIZE TAMBÉM A FOCINHEIRA E EVITE AGRESSÕES.

ESTERILIZAÇÃO

É UMA CIRURGIA QUE IMPEDE O SURGIMENTO DE CRIAS INDESEJADAS, DIMINUINDO O ABANDONO E OS MAUS TRATOS DOS ANIMAIS PELAS RUAS. DEVE SER FEITA TANTO NAS FÊMEAS COMO NOS MACHOS.

RECOLHIMENTO DE FEZES

TODO PROPRIETÁRIO, DEVE RECOLHER AS FEZES DE SEU ANIMAL NAS RUAS, CALÇADAS E PARQUES. É UMA ATITUDE DE CIDADANIA E OBRIGATÓRIO POR LEI.

ALIMENTAÇÃO

FORNECER RAÇÕES APROPRIADAS DE ACORDO COM A ESPÉCIE E A IDADE DO ANIMAL. OS ADULTOS DEVEM SER ALIMENTADOS DUAS VEZES AO DIA E OS FILHOTES DE 4 A 6 VEZES AO DIA. MANTENHA SEMPRE A ÁGUA LIMPA E FRESCA À DISPOSIÇÃO.

ABRIGO

O CÃO DEVE TER ABRIGO CONFORTÁVEL, PROTEGIDO DO SOL, DA CHUVA E DO VENTO. JÁ OS GATOS PREFEREM DORMIR EM LOCAIS ALTOS E ACONCHEGANTES.

VACINAÇÃO E VERMIFUGAÇÃO

OS FILHOTES DEVEM SER VACINADOS COM 2, 3 E 4 MESES DE IDADE E, OS ADULTOS, ANUALMENTE, COM VACINA CONTRA A RAIVA E DOENÇAS PRÓPRIAS DA ESPÉCIE.

ADAPTADO DE: PREFEITURA MUNICIPAL DE SÃO PAULO. CENTRO DE ZOONOSES. **ADOTE UM AMIGO**. DISPONÍVEL EM: <HTTP://WWW.PREFEITURA.SP.GOV.BR/CIDADE/SECRETARIAS/SAUDE/VIGILANCIA_EM_SAUDE/CONTROLE_DE_ZOONOSES/INDEX.PHP?P=8518>. ACESSO EM: 1 JUN. 2015.

- VOCÊ TEM ANIMAL DE ESTIMAÇÃO EM CASA? ELE FOI ADOTADO, COMPRADO OU GANHADO?
- DESCUBRA SE NA CIDADE ONDE VOCÊ MORA EXISTEM MUITOS ANIMAIS DE RUA. DEPOIS, EM GRUPOS, PESQUISEM SOBRE GRUPOS DE APOIO AOS ANIMAIS E CAMPANHAS DE ADOÇÃO NA SUA CIDADE E DIVULGUE NA ESCOLA. O PROFESSOR VAI AJUDÁ-LOS.

COBERTURA DO CORPO DOS ANIMAIS

O CORPO DOS ANIMAIS É COBERTO DE DIFERENTES MANEIRAS.

HÁ ANIMAIS QUE TÊM O CORPO:

COBERTO DE CARAPAÇA

COBERTO DE ESCAMAS

COBERTO DE PENAS

COBERTO DE PELOS

- ALGUNS SÃO MAIS FRIOS, OUTROS QUENTES... ALGUNS SÃO DUROS E OUTROS SÃO MACIOS. QUE SENSAÇÃO VOCÊ TEM AO TOCAR O CORPO DESSES ANIMAIS? E O SEU CORPO, COMO ELE É? SUA PELE É DURA OU MACIA? FRIA OU QUENTE? SECA OU PEGAJOSA?

ATIVIDADES

1 DESENHE EM CADA QUADRO UM ANIMAL COM O TIPO DE COBERTURA CORPORAL ESPECIFICADO.

PELOS

ESCAMAS

PELE NUA

PENAS

2 ESCREVA O NOME DE PELO MENOS DOIS ANIMAIS QUE VOCÊ CONHECE QUE TENHAM:

A) PENAS: ....

B) PELOS: ....

C) ESCAMAS: ....

D) CARAPAÇA: ....

LOCOMOÇÃO DOS ANIMAIS

OS ANIMAIS LOCOMOVEM-SE PARA:

PROCURAR ALIMENTOS

FUGIR DO PREDADOR

REPRODUZIR-SE

ATACAR

SAIBA MAIS

QUANTAS PERNAS!

OS ANIMAIS QUE SE LOCOMOVEM PELA TERRA TÊM DIFERENTES NÚMEROS DE PERNAS. NÓS, HUMANOS, POR EXEMPLO, ANDAMOS SOBRE DUAS PERNAS. JÁ OS GATOS E OS CACHORROS POSSUEM QUATRO PERNAS, AO PASSO QUE AS ARANHAS POSSUEM OITO. MAS NINGUÉM GANHA DAS CENTOPEIAS: ELAS PODEM TER ATÉ DUZENTAS PERNAS!

ATIVIDADES

1 COMO ESTES ANIMAIS SE LOCOMOVEM DE UM LUGAR PARA OUTRO? ESCOLHA NO QUADRO UMA FORMA DE LOCOMOÇÃO.

ANDA	NADA	RASTEJA	VOA

iDesign/Shutterstock/Glow Images

....

Alexandre Tokitaka/Arquivo da editora

....

Luigi Mamprin/Arquivo da editora

....

PhotoDisc/Arquivo da editora

....

2 OS ANIMAIS PODEM SE LOCOMOVER DE VÁRIAS FORMAS. VEJA AS FOTOS E FAÇA UM **X** NA PARTE PRINCIPAL DO CORPO QUE O ANIMAL REPRESENTADO USA PARA SE LOCOMOVER.

Paul Reeves Photography/Shutterstock/Glow Images

( ) PERNAS

( ) ASAS

EcoPrint/Shutterstock/Glow Images

( ) PERNAS

( ) ASAS

IDEIAS EM AÇÃO

CONSTRUINDO UMA SEMENTEIRA

COM SEUS COLEGAS DE CLASSE E O PROFESSOR, REALIZE A EXPERIÊNCIA DESCRITA NO TEXTO ABAIXO:

CHIQUINHO É FILHO DE FRANCISCO, QUE É JARDINEIRO. OS DOIS ESTAVAM CONVERSANDO E FRANCISCO MOSTRA PARA O CHIQUINHO COMO UM PACOTINHO DE SEMENTES SE TRANSFORMA EM MUDAS NA SEMENTEIRA ATÉ O TRANSPLANTE DAS PEQUENAS MUDAS.

BASTA UMA CAIXINHA DE MADEIRA, UM POUCO DE TERRA E UM PACOTINHO DE SEMENTES.

COLOQUE A TERRA NA CAIXINHA, REGUE-A E DEIXE A ÁGUA ESCORRER ANTES DE SEMEAR.

ESPALHE AS SEMENTES NA CAIXINHA DE MANEIRA UNIFORME.

CUBRA-AS COM UM POUCO DE TERRA PENEIRADA.

MANTENHA A CAIXINHA NUM LUGAR CLARO, MAS SEM EXPÔ-LA À LUZ DIRETA DO SOL. REGUE QUANDO NECESSÁRIO.

ESPERE AS SEMENTES GERMINAREM E AS MUDINHAS APARECEREM.

QUANDO AS MUDINHAS ALCANÇAREM O TAMANHO DE 10 OU 15 CM, DEVEM SER REMOVIDAS COM CUIDADO E TRANSPLANTADAS.

Ilustrações: Ilustra Cartoon/Arquivo da editora

O TRANSPLANTE PODE SER FEITO PARA VASOS, JARDINEIRAS OU CANTEIROS. É BOM MANTER UMA CERTA DISTÂNCIA ENTRE AS MUDINHAS.

FRANCISCO, O JARDINEIRO, DE LILIANA IACOCCA.
SÃO PAULO: MODERNA, 1999.

UNIDADE 4

HIGIENE E SAÚDE

VAMOS CONVERSAR?

- O QUE UMA CRIANÇA PRECISA FAZER PARA CRESCER FORTE E SADIA?
- POR QUE DEVEMOS CUIDAR DO MEIO AMBIENTE? QUAL É A RELAÇÃO DO MEIO AMBIENTE COM NOSSA SAÚDE?

O QUE VOU ESTUDAR?

- HIGIENE DO CORPO E DA MENTE
- O MEIO AMBIENTE
- A ALIMENTAÇÃO
- DE ONDE VÊM OS ALIMENTOS

MANTENHA
ESTE
LOCAL
LIMPO

Ilustra Cartoon/Arquivo da editora

CAPÍTULO 11

PARA VIVER COM SAÚDE

OED

HÁBITOS DE HIGIENE DO CORPO

HÁBITO É TUDO O QUE SE FAZ REGULARMENTE. VEJA ALGUNS HÁBITOS DE HIGIENE QUE AJUDAM A CONSERVAR A SAÚDE.

ESCOVAR OS DENTES

USAR ROUPAS LIMPAS

Ilustrações: Ilustra Cartoon/Arquivo da editora

LAVAR AS MÃOS

TOMAR ÁGUA FILTRADA OU FERVIDA

TOMAR BANHO

SAIBA MAIS

VOCÊ ESCOVA OS DENTES CORRETAMENTE?

OS DENTES SUPERIORES DEVEM SER ESCOVADOS DE CIMA PARA BAIXO E OS DENTES INFERIORES DE BAIXO PARA CIMA.

É IMPORTANTE FAZER A HIGIENE DENTAL APÓS CADA REFEIÇÃO PARA QUE OS RESTOS DE COMIDA NÃO FIQUEM ACUMULADOS NA BOCA, PROVOCANDO AS CÁRIES. TAMBÉM NUNCA SE DEVE ESQUECER DE USAR O FIO DENTAL E FAZER VISITAS REGULARES AO DENTISTA.

HIGIENE MENTAL TAMBÉM É IMPORTANTE

PARA SE TER UMA BOA SAÚDE NÃO BASTA APENAS CUIDAR DO CORPO.

É NECESSÁRIO CUIDAR TAMBÉM DA MENTE, LENDO BONS LIVROS E REVISTAS, PRATICANDO ESPORTES COM A ORIENTAÇÃO DE UM INSTRUTOR CAPACITADO (CORRIDA, NATAÇÃO, FUTEBOL, ETC) OU MESMO PRATICANDO JOGOS QUE DESENVOLVEM O RACIOCÍNIO LÓGICO, COMO O XADREZ, ALÉM DE ASSISTIR A BONS PROGRAMAS NA TV, ENTRE OUTRAS COISAS.

BRINCAR COM OS AMIGOS, CONVERSAR E PASSEAR AO AR LIVRE TAMBÉM FAZ MUITO BEM À SAÚDE.

CONVIVÊNCIA COM A FAMÍLIA

LEITURA

Ilustrações: Ilustra Cartoon/Arquivo da editora

ATIVIDADES

1. OBSERVE AS FIGURAS E MARQUE UM **X** NAQUELAS QUE REPRESENTAM O QUE VOCÊ FAZ TODOS OS DIAS.

Pavel Semenov/Shutterstock/Glow Images

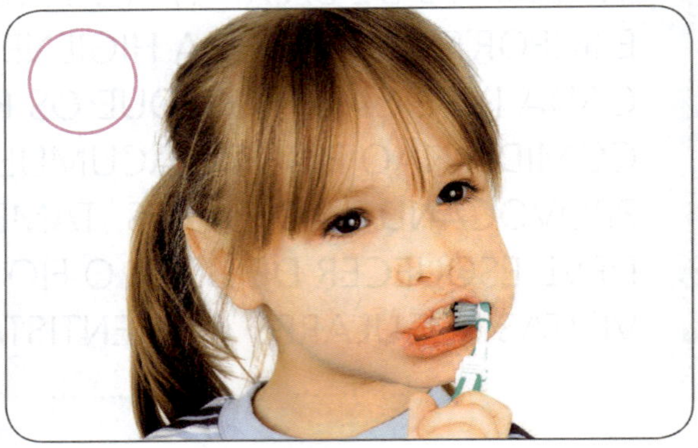
siamionau pavel/Shutterstock/Glow Images

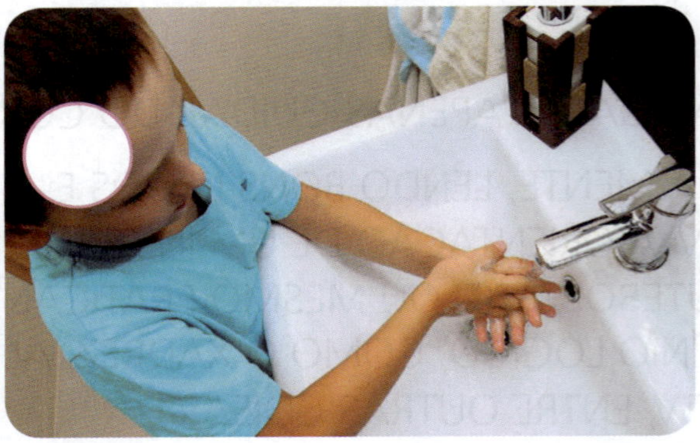
greenland/Shutterstock/Glow Images

JGIJamie Grill/Glow Images

Monkey Business Images/Shutterstock/Glow Images

Bronwyn Photo/Shutterstock/Glow Images

- VOCÊ DEIXOU DE MARCAR ALGUMA FIGURA? QUAL? POR QUÊ?

....

....

2 JÚNIOR, UM GAROTINHO DE APENAS 4 ANOS, UM DIA PERGUNTOU AO PAI, QUE É PEDIATRA, POR QUE AS CRIANÇAS PRECISAM TOMAR VACINA. LEIA O QUE O PAI DELE DISSE.

AS VACINAS SÃO REMEDINHOS QUE AS PESSOAS USAM PARA EVITAR CERTAS DOENÇAS.

NÃO EXISTE SÓ A DE GOTINHAS [...] ÀS VEZES [ELAS SÃO] EM FORMA DE INJEÇÕES QUE QUASE NÃO DOEM E, É CLARO, SÃO MELHORES DO QUE CONTRAIR UMA DOENÇA GRAVE [...].

ISSO SEM FALAR QUE ALGUMAS DESSAS DOENÇAS PODEM ATÉ CAUSAR A MORTE DA CRIANÇA.

É PARA ISSO QUE EXISTEM AS VACINAS. ELAS NOS PROTEGEM CONTRA AS DOENÇAS.

PAPAI, O QUE É VACINA?, DE LEONARDO MENDES CARDOSO. SÃO PAULO: ED. DO BRASIL, 1998.

Ilustrações: Ilustra Cartoon/Arquivo da editora

PERGUNTE EM SUA CASA, E DEPOIS CONVERSE COM SEU PROFESSOR E COLEGAS: VOCÊ JÁ TOMOU TODAS AS VACINAS PRÓPRIAS DA SUA IDADE? POR QUÊ?

3 ESCREVA O NOME DOS OBJETOS ABAIXO. DEPOIS, CONTE A SEUS COLEGAS DE CLASSE QUAIS DELES VOCÊ USA E PARA QUE SERVEM.

RoblanShutterstock/Glow Images

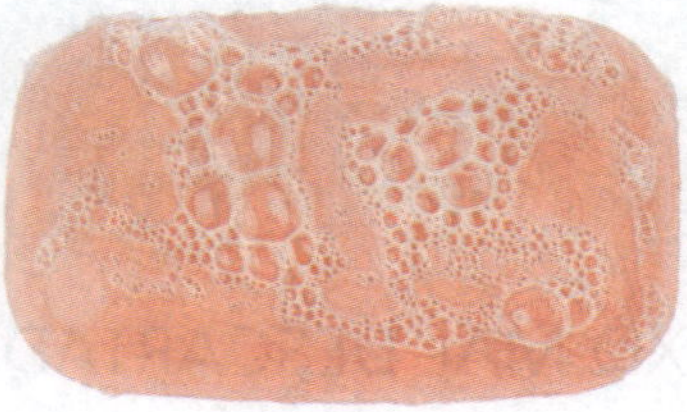

oksana2010/Shutterstock/Glow Images

....

CAPÍTULO 12

CUIDANDO DO MEIO AMBIENTE

CONVERSE COM O PROFESSOR E OS COLEGAS SOBRE O QUE ESTÁ SENDO REPRESENTADO NA FIGURA A SEGUIR.

Ilustrações: Ilustra Cartoon/Arquivo da editora

AGORA, OBSERVE A MESMA PAISAGEM DA FIGURA ANTERIOR, MAS EM OUTRA SITUAÇÃO, E DÊ SUA OPINIÃO.

O LIXO MAL DESCARTADO PODE CONTAMINAR O SOLO, A ÁGUA E O AR. ELE PODE DESTRUIR A FAUNA E A FLORA LOCAL, CAUSAR MAU CHEIRO, ALÉM DE ATRAIR INSETOS E ROEDORES, QUE PODEM TRANSMITIR MUITAS DOENÇAS AOS SERES HUMANOS.

ATIVIDADES

1 OBSERVE AS FIGURAS ABAIXO E RESPONDA ÀS PERGUNTAS A SEGUIR.

1

2

Ilustrações: Ilustra Cartoon/Arquivo da editora

A) O QUE FAZ O HOMEM DA IMAGEM **1**?

....

B) O QUE FAZ O HOMEM DA IMAGEM **2**?

....

C) QUEM VOCÊ ACHA QUE AGIU DE MANEIRA CORRETA? O HOMEM DA IMAGEM **1** OU O HOMEM DA IMAGEM **2**? POR QUÊ? CONVERSE COM OS COLEGAS E O PROFESSOR SOBRE ISSO.

2 CONVERSE COM OS COLEGAS E O PROFESSOR SOBRE O QUE VOCÊ ACHA QUE PODE SER FEITO PARA EVITAR O DESPERDÍCIO:

A) COM O MATERIAL ESCOLAR?

B) COM OS BRINQUEDOS USADOS?

C) NA HORA DE COMER?

CAPÍTULO 13

ALIMENTAÇÃO

NOSSO CORPO GASTA ENERGIA EM TUDO O QUE FAZEMOS.

Alexey Losevich/Shutterstock/Glow Images

BRINCAR

Fotokostic/Shutterstock/Glow Images

PRATICAR ESPORTES

Gabriel Nardelli Araújo/Shutterstock/Glow Images

DORMIR

Gelpi JM/Shutterstock/Glow Images

ESTUDAR

OS ALIMENTOS REPÕEM A ENERGIA QUE NOSSO CORPO GASTA. SE VOCÊ QUER CRESCER FORTE E SADIO, PRECISA COMER UM POUCO DE CADA TIPO DE ALIMENTO.

FRUTAS, LEGUMES E VERDURAS SÃO SABOROSOS E DÃO MUITA ENERGIA.

DO TRIGO SE FAZEM PÃES, BISCOITOS E BOLOS, TAMBÉM RICOS EM ENERGIA.

O PEIXE TAMBÉM É UM ALIMENTO MUITO NUTRITIVO.

Fernando Favoretto/Criar Imagens

FRUTAS E VERDURAS SÃO IMPORTANTES PARA A ALIMENTAÇÃO

grafvision/Shutterstock/Glow Images

PEIXE ASSADO

John Stull/Diomedia Brasil

TRIGO, PÃES, BOLOS E BISCOITOS

DE ONDE VÊM OS ALIMENTOS

VOCÊ SABIA QUE ALGUNS ALIMENTOS VÊM DAS PLANTAS E OUTROS VÊM DOS ANIMAIS?

Scorpp/Shutterstock/Glow Images

unknown1861/Shutterstock/Glow Images

EXISTEM TAMBÉM OS ALIMENTOS DE ORIGEM MINERAL, COMO O SAL DE COZINHA.

OUTROS ALIMENTOS CHEGAM ATÉ NÓS DEPOIS DE MUITAS TRANSFORMAÇÕES NAS INDÚSTRIAS.

MARCELODLT/Shutterstock/Glow Images

Paulo Manzi/Arquivo da editora

ATIVIDADES

1 ESCREVA O NOME DOS PRINCIPAIS ALIMENTOS QUE VOCÊ COSTUMA COMER:

NO CAFÉ DA MANHÃ	NO ALMOÇO
....	....
....	....
NO LANCHE	**NA HORA DO JANTAR**
....	....
....	....

- VOCÊ ACHA QUE ESTÁ SE ALIMENTANDO BEM? CONVERSE COM SEUS COLEGAS E O PROFESSOR SOBRE ISSO.

2 PARA TERMOS UMA VIDA SAUDÁVEL, PRECISAMOS CUIDAR DA HIGIENE E NOS ALIMENTAR. LEIA A LISTA DE COMPRAS AO LADO E COLOQUE CADA PRODUTO DELA NO LUGAR ADEQUADO DO QUADRO A SEGUIR.

FRUTAS	CARNE
LEGUMES	LEITE
PENTE	VERDURAS
CREME DENTAL	FEIJÃO
SABONETE	OVOS

HIGIENE	ALIMENTAÇÃO
....	....
....	....
....	....

3 OBSERVE AS FOTOS DOS ALIMENTOS E DESENHE NOS QUADRADINHOS OS SÍMBOLOS CORRESPONDENTES.

	DE ORIGEM ANIMAL
	DE ORIGEM VEGETAL

Quan Zheng/Shutterstock/Glow Images

Elena Schweitzer/Shutterstock/Glow Images

Romvo/Shutterstock/Glowl mages

Larina Natalia/Shutterstock/Glow Images

Valentyn Volkov/Shutterstock/Glow Images

Yamix/Shutterstock/Glow Images

O TEMA É...

ALIMENTAÇÃO NATURAL FAZ BEM PARA O CORPO!

VOCÊ JÁ SABE QUE É IMPORTANTE SE ALIMENTAR PARA CRESCER COM SAÚDE, E JÁ DEVE TER OUVIDO QUE DEVEMOS DAR SEMPRE PREFERÊNCIA PARA OS ALIMENTOS QUE FAZEM BEM PARA O NOSSO CORPO. É CLARO QUE COMER UMA GULOSEIMA DE VEZ EM QUANDO É BEM GOSTOSO. MAS DEVEMOS SEMPRE FICAR ATENTOS PARA QUE ISSO NÃO SE TORNE UM HÁBITO. COMER ALIMENTOS NATURAIS É A MELHOR OPÇÃO PARA CRESCER COM SAÚDE, TER DISPOSIÇÃO PARA BRINCAR E SE EXERCITAR E PARA SE CONCENTRAR MELHOR NOS ESTUDOS.

Rawpixel/Shutterstock/Glow Images

ALIMENTOS *IN NATURA*, ALIMENTOS PROCESSADOS E ALIMENTOS ULTRAPROCESSADOS

PARA COMEÇAR O ASSUNTO: ALIMENTO ***IN NATURA*** É AQUELE QUE VEM DIRETAMENTE DAS PLANTAS E DOS ANIMAIS E NÃO SOFRE NENHUM TIPO DE MODIFICAÇÃO. O ALIMENTO **PROCESSADO** É AQUELE QUE PASSA POR UMA TRANSFORMAÇÃO PEQUENA ANTES DE ESTAR PRONTO PARA O CONSUMO. JÁ O ALIMENTO **ULTRAPROCESSADO** É AQUELE QUE PASSA POR MUITAS TRANSFORMAÇÕES ANTES DE ESTAR PRONTO PARA O CONSUMO.

QUER UM EXEMPLO DISSO? O MILHO. QUANDO ELE É CONSUMIDO DIRETAMENTE DA ESPIGA, ELE É UM ALIMENTO *IN NATURA*. QUANDO É CONSUMIDO EM CONSERVA (QUANDO VEM DENTRO DE UMA LATA, POR EXEMPLO), ELE É UM ALIMENTO PROCESSADO. E QUANDO ELE É TRANSFORMADO EM UM SALGADINHO DE MILHO, ELE TORNA-SE UM ALIMENTO ULTRAPROCESSADO.

Everything/Shutterstock/Glow Images

beboy/Shutterstock/Glow Images

Richard Peterson/Shutterstock/Glow Images

ALGUNS PASSOS PARA UMA ALIMENTAÇÃO SAUDÁVEL

1. FAÇA PELO MENOS TRÊS REFEIÇÕES (CAFÉ DA MANHÃ, ALMOÇO E JANTAR) E DOIS LANCHES SAUDÁVEIS POR DIA. NÃO PULE AS REFEIÇÕES.
2. COMA DIARIAMENTE PELO MENOS TRÊS PORÇÕES DE LEGUMES E VERDURAS COMO PARTE DAS REFEIÇÕES E TRÊS PORÇÕES OU MAIS DE FRUTAS NAS SOBREMESAS E LANCHES.
3. EVITE REFRIGERANTES E SUCOS INDUSTRIALIZADOS, BOLOS, BISCOITOS DOCES E RECHEADOS, SOBREMESAS DOCES E OUTRAS GULOSEIMAS COMO REGRA DA ALIMENTAÇÃO.
4. EVITE CONSUMIR ALIMENTOS INDUSTRIALIZADOS COM MUITO SAL (SÓDIO) COMO HAMBÚRGUER, CHARQUE, SALSICHA, LINGUIÇA, PRESUNTO, SALGADINHOS, CONSERVAS DE VEGETAIS, SOPAS, MOLHOS E TEMPEROS PRONTOS.
5. BEBA PELO MENOS DOIS LITROS (SEIS A OITO COPOS) DE ÁGUA POR DIA. DÊ PREFERÊNCIA AO CONSUMO DE ÁGUA NOS INTERVALOS DAS REFEIÇÕES.

FONTE: MINISTÉRIO DA SAÚDE. **GUIA ALIMENTAR**: COMO TER UMA ALIMENTAÇÃO SAUDÁVEL. DISPONÍVEL EM: <HTTP://BVSMS.SAUDE.GOV.BR/BVS/PUBLICACOES/GUIA_ALIMENTAR_ALIMENTACAO_SAUDAVEL.PDF>. ACESSO EM: 1 JUN. 2015.

VOCÊ PODE ESTAR SE PERGUNTADO: MAS POR QUE O ALIMENTO *IN NATURA* É MELHOR? TUDO O QUE É NATURAL É MELHOR PARA A NOSSA SAÚDE. ASSIM, QUANDO FALAMOS EM CONSUMO DE ALIMENTOS, OS MELHORES SÃO OS QUE VÊM DIRETAMENTE DA NATUREZA PARA O NOSSO PRATO. ALÉM DE SER MAIS SAUDÁVEL, ELE É MAIS SABOROSO TAMBÉM.

- VOCÊS DEVERÃO OBSERVAR UM DIA DE ALIMENTAÇÃO E ANOTAR TUDO O QUE COMEREM. DEPOIS, VOCÊS VÃO CLASSIFICAR OS ALIMENTOS QUE CONSUMIRAM EM ALIMENTO *IN NATURA*, PROCESSADO OU ULTRAPROCESSADO.

IDEIAS EM AÇÃO

AJUDANDO A NATUREZA

VOCÊ SABIA QUE PODE AJUDAR A NATUREZA E CONTRIBUIR PARA UM AMBIENTE MAIS SAUDÁVEL COM ATOS SIMPLES? VEJA:

NÃO PEGUE MAIS DO QUE NORMALMENTE VOCÊ AGUENTA COMER. NÃO DEIXE RESTOS NO PRATO.

CONTRIBUA PARA A RECICLAGEM SEPARANDO O LIXO NAS LIXEIRAS CORRETAS.

USE OS DOIS LADOS DA FOLHA DOS SEUS CADERNOS, NÃO APONTE O LÁPIS SEM NECESSIDADE E APROVEITE SEMPRE O MATERIAL QUE SOBROU DO ANO ANTERIOR.

PRESERVE A VEGETAÇÃO E, SE POSSÍVEL, PLANTE ÁRVORES NOVAS.

Ilustrações: Ilustra Cartoon/Arquivo da editora

DOE SEUS BRINQUEDOS USADOS PARA OUTRAS CRIANÇAS.

- CONVERSE COM SEUS COLEGAS E O PROFESSOR E, JUNTOS, ELABOREM UM CARTAZ COM AS REGRAS DA SALA PARA COMBATER O DESPERDÍCIO, CUIDAR DA NATUREZA E CONSTRUIR UM AMBIENTE MAIS SAUDÁVEL.

LIVROS

Reprodução/Editora Ibep Nacional

A CASA DOS CINCO SENTIDOS!, DE SYLVIE GIRARDET E PUIG ROSADO. SÃO PAULO: IBEP, 2011.

ENXERGAR, ESCUTAR, CHEIRAR, SABOREAR, APALPAR... NOSSOS CINCO SENTIDOS NOS AJUDAM A CRESCER E A DESCOBRIR A VIDA! ESTE LIVRO AJUDA AS CRIANÇAS A SE CONHECERAM MELHOR POR MEIO DE CINCO PEQUENAS HISTÓRIAS, CHEIAS DE HUMOR E DE POESIA.

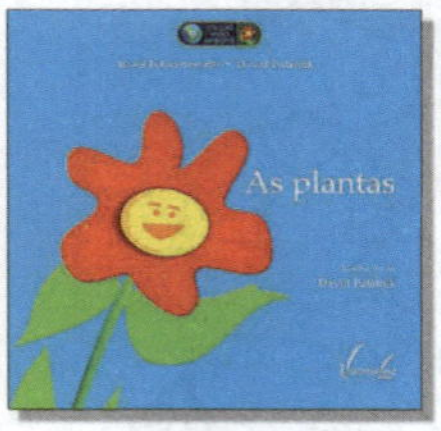

Reprodução/Editora Vieira & Lent

AS PLANTAS, DE ISRAEL FELZENSZWALB. RIO DE JANEIRO: VIEIRA & LENT, 2010.

O LIVRO APRESENTA O UNIVERSO DAS PLANTAS ÀS CRIANÇAS, TRATANDO DE TEMAS QUE ENTRAM EM SEUS QUESTIONAMENTOS CADA VEZ MAIS CEDO, COMO NATUREZA, MEIO AMBIENTE E ECOLOGIA.

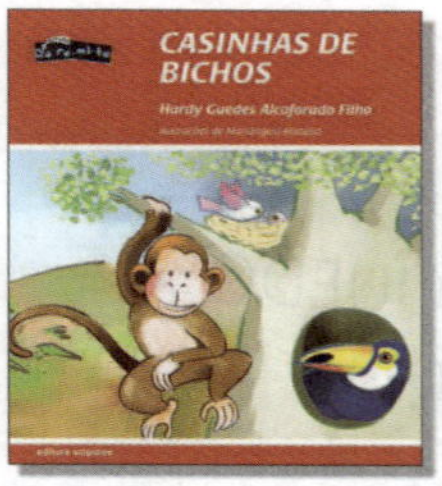

Reprodução/Editora Scipione

CASINHAS DE BICHOS, DE HARDY GUEDES ALCOFORADO. SÃO PAULO: SCIPIONE, 2008.

O TEXTO DESCREVE, EM VERSOS RIMADOS, COMO SÃO AS MORADAS DE VÁRIOS TIPOS DE BICHOS, COMO O NINHO DO PASSARINHO, A CASA DO JOÃO-DE-BARRO, A TEIA DA ARANHA, O FORMIGUEIRO E A TOCA DO TATU.

Reprodução/Editora Scipione

ERA UMA VEZ UMA SEMENTE, DE JUDITH ANDERSON. SÃO PAULO: SCIPIONE, 2010.

COMO PODE UMA SEMENTE SE TORNAR UMA PLANTA QUE FORMARÁ NOVAS SEMENTES? O LIVRO EXPLICA COMO ISSO OCORRE POR MEIO DA HISTÓRIA DE UMA MENINA E SEU AVÔ QUE ACOMPANHAM ESSE PROCESSO DE TRANSFORMAÇÃO.

Reprodução/Editora Ática

JOÃO FEIJÃO, DE SYLVIA ORTHOF. SÃO PAULO: ÁTICA, 2009.

JOÃO FEIJÃO É UMA SEMENTE QUE QUER GERMINAR E CRESCER. OS CICLOS DA NATUREZA SÃO APRESENTADOS PARA AS CRIANÇAS COM FANTASIA E BOM HUMOR.

Reprodução/Editora Prumo

PRATO FEITO, DE GUTO LINS. SÃO PAULO: PRUMO, 2009.

ESTE LIVRO DEFENDE QUE A COZINHA É O MELHOR LUGAR DA CASA. LÁ AS COISAS SE TRANSFORMAM, GANHAM CHEIRO, COR, SABOR E POESIA.

Reprodução/Companhia Editora Nacional

SUJO EU?!, DE DAVID ROBERTS. SÃO PAULO: COMPANHIA EDITORA NACIONAL, 2006.

ESSA É A HISTÓRIA DE BEBETO E SEUS CURIOSOS HÁBITOS DE HIGIENE, QUE NÃO AGRADAM NEM UM POUCO SUA FAMÍLIA.

SITES@

Reprodução/http://discoverykidsbrasil.uol.com.br/

DISCOVERY KIDS

HTTP://DISCOVERYKIDSBRASIL.UOL.COM.BR/

ESTE *SITE* CONTÉM JOGOS POR MEIO DOS QUAIS VOCÊ PODERÁ CONHECER MAIS SOBRE OS ANIMAIS, OS VEGETAIS, O CORPO HUMANO E O AMBIENTE.

Reprodução/http://peixonauta.uol.com.br/

PEIXONAUTA

HTTP://PEIXONAUTA.UOL.COM.BR/

VIAJE PELO DIVERTIDO E ECOLÓGICO MUNDO DO PEIXONAUTA. NELE, VOCÊ PODE DESVENDAR O QUE HÁ NO ALTO DAS ÁRVORES, NO FUNDO DO LAGO, NA PRAIA E MUITO MAIS! EM CADA LUGAR QUE VOCÊ CHEGAR, ENCONTRARÁ DIVERSOS JOGOS E ATIVIDADES.

@ *SITES* ACESSADOS EM: JUNHO DE 2015.

APARÊNCIA (P. 10):

AQUILO QUE SE OBSERVA NO EXTERIOR, AS CARACTERÍSTICAS FÍSICAS.

CAJUEIRO (P. 57):

A ÁRVORE DO CAJU, UM FRUTO MUITO COMUM NO NORDESTE DO BRASIL.

wichitpong katwit/Shutterstock/Glow Images

O CAJU É O FRUTO DO CAJUEIRO.

CARAPAÇA (P. 70):

CASCO DURO QUE PROTEGE O CORPO DE UM ANIMAL, COMO O DO TATU E DA TARTARUGA.

DIÂMETRO (P. 54):

A MEDIDA DE UM PONTO AO OUTRO DE UMA FIGURA CIRCULAR, PASSANDO PELO SEU CENTRO.

ADS

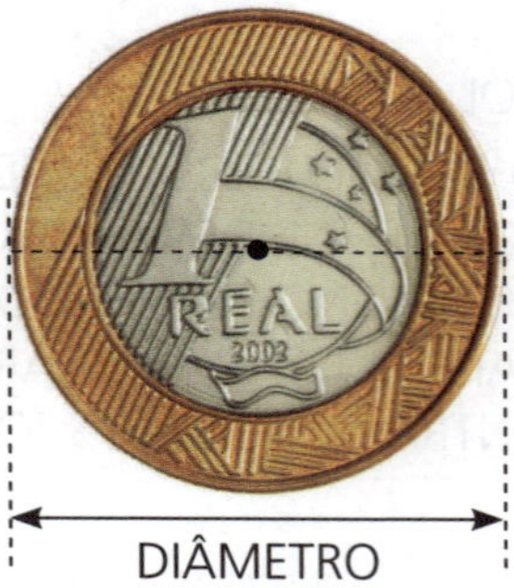

EXALA (P. 18):

SOLTA, LANÇA UM CHEIRO.

FAUNA (P. 82):

CONJUNTO DE ANIMAIS PRÓPRIOS DE UMA REGIÃO.

FENÔMENOS METEOROLÓGICOS (P. 42):

FATOS RELATIVOS ÀS CONDIÇÕES DO TEMPO, CUJA OBSERVAÇÃO POSSIBILITA FAZER UMA PREVISÃO: SE VAI CHOVER OU NÃO, SE VAI FAZER CALOR OU FRIO, ENTRE OUTRAS.

joyfull/Shutterstock/Glow Images

FLORA (P. 82):

CONJUNTO DE PLANTAS PRÓPRIAS DE UMA REGIÃO.

GULOSEIMA (P. 88):

DOCES OU OUTROS ALIMENTOS MUITO APETITOSOS, QUE EM GERAL CONTÊM MUITO AÇÚCAR E MUITA GORDURA.

HERDAM (P. 11):

RECEBEM O QUE FOI DEIXADO OU TRANSMITIDO PELOS FAMILIARES, POR GERAÇÕES ANTERIORES.

LOCOMOVEM-SE (P. 72):

DESLOCAM-SE, IR DE UM LUGAR A OUTRO.

MUDAS (P. 60):

SÃO PEQUENAS PARTES TIRADAS DE UMA PLANTA ADULTA, GERALMENTE, DO CAULE OU DAS FOLHAS, QUE DEPOIS É PLANTADA NO SOLO.

Anna Grigorjeva/Shutterstock/Glow Images

NATUREZA (P. 62):

TODOS OS ELEMENTOS, VIVOS OU NÃO VIVOS, QUE FORMAM O AMBIENTE: OS ANIMAIS, AS PLANTAS, AS MONTANHAS, AS PEDRAS, A ÁGUA, ETC.

ODORES (P. 16):

CHEIROS PERCEBIDOS PELO NOSSO NARIZ. HÁ CHEIROS BONS, COMO O DE PÃO SAINDO DO FORNO E OS RUINS, COMO O DE UM RIO POLUÍDO.

OFUSCA (P. 46):

IMPEDE DE VER, OCULTA.

PEDIATRA (P. 81):

MÉDICO ESPECIALIZADO NO ESTUDO DAS CRIANÇAS E SUAS DOENÇAS.

PLANETA (P. 32):

ASTRO ESFÉRICO (EM FORMA DE BOLA) QUE NÃO POSSUI LUZ PRÓPRIA E QUE CIRCULA EM TORNO DE UMA ESTRELA – NO CASO DA TERRA, ESSA ESTRELA É O SOL.

Aphelleon/Shutterstock/Glow Images

RASTEJAR (P. 73):

FORMA DE LOCOMOÇÃO DE ANIMAIS COM POUCA ALTURA QUE ARRASTAM A BARRIGA NO SOLO.

Digital Vision/Arquivo da editora

A COBRA É UM EXEMPLO DE ANIMAL QUE RASTEJA.

ALENCAR, E. S. de (Org.). *Novas contribuições da psicologia aos processos de ensino e aprendizagem*. 4. ed. São Paulo: Cortez, 2001.

ANTUNES, C. *Jogos para a estimulação das múltiplas inteligências*. 12. ed. Petrópolis: Vozes, 2003.

ARMSTRONG, A.; CASEMENT, C. *A criança e a máquina*: como os computadores colocam a educação de nossos filhos em risco. Porto Alegre: Artmed, 2001.

ARRIBAS, T. L. *Educação infantil*: desenvolvimento, currículo e organização escolar. 5. ed. Porto Alegre: Artmed, 2004.

BARBOSA, L. M. S. *Temas transversais*: como utilizá-los na prática educativa. Curitiba: IBPEX, 2007.

BARCELOS, V. *Octávio Paz* – da ecologia global à educação ambiental na escola. Lisboa: Instituto Piaget, 2007.

BRANCO, S. M. *Viagem ao redor do Sol*. 2. ed. São Paulo: Moderna, 2003.

BRASIL. Ministério da Educação. *Ensino fundamental de nove anos*: Orientações para a Inclusão da Criança de Seis Anos de Idade. Brasília: MEC/SEB/FNDE, 2006.

BRASIL. Ministério da Educação. *Pró-letramento*: programa de formação continuada de professores das séries iniciais do ensino fundamental. Brasília: MEC/SEB/FNDE, 2006.

______. Secretaria de Educação Fundamental. *Parâmetros curriculares nacionais*: ciências naturais, meio ambiente e saúde. Brasília: MEC/SEF, 1997.

______. Secretaria de Educação Fundamental. *Parâmetros curriculares nacionais*: temas transversais – apresentação, ética, pluralidade cultural, orientação sexual. Brasília: MEC/SEF, 1997.

______. Secretaria de Educação Fundamental. *Referencial curricular nacional para educação infantil*. Brasília, 1998.

CALLENBACH, E. *Ecologia*: um guia de bolso. São Paulo: Peirópolis, 2001.

CANIATO, R. *Com Ciência na Educação*. Campinas: Papirus, 2003.

CAPRA, F. et al. *Alfabetização ecológica*: a educação das crianças para um mundo sustentável. São Paulo: Cultrix, 2006.

CARVALHO, F. C. A. *Tecnologias que educam*. São Paulo: Pearson, 2010.

CIÊNCIA HOJE NA ESCOLA. Rio de Janeiro: SBPC/Ciência Hoje, 2000.

CIÊNCIA VIVA. *A construção do conhecimento*. São Paulo: Meca, 2001.

COELHO, M. I. M.; COSTA, A. E. B. (Col.). *A educação e a formação humana*. Porto Alegre: Artmed, 2009.

CUNHA, N. H. S. *Criar para brincar*: a sucata como recurso pedagógico. São Paulo: Aquariana, 2005.

DELIZOICOV, D.; ANGOTTI, J. *A metodologia do ensino de ciências*. São Paulo: Cortez, 1990.

DEVRIES, R. e outros. *O currículo construtivista na educação infantil*: práticas e atividades. Porto Alegre: Artmed, 2004.

DOW, K.; DOWNING, T. E. *O atlas da mudança climática*. São Paulo: Publifolha, 2007.

EINZIG, M. J. (Ed.). *Manual de primeiros socorros às emergências infantis*. São Paulo: Martins Fontes, 1995.

ESTEBAN, M. T. O que sabe quem erra? *Reflexões sobre avaliação e fracasso escolar*. 4. ed. Rio de Janeiro: DP&A, 2006.

FAZENDA, I. C. A. *Didática e interdisciplinaridade*. Campinas: Papirus, 2010.

GADOTTI, M. *Pedagogia da terra*. São Paulo: Peirópolis, 2000.

GARDNER, H. *Inteligências múltiplas*: a teoria na prática. Porto Alegre: Artmed, 1995.

GOULART, I. B. *Piaget*: experiências básicas para utilização pelo professor. Petrópolis: Vozes, 2003.

GREIG, P. *A criança e seu desenho*: o nascimento da arte e da escrita. Porto Alegre: Artmed, 2004.

GUIMARÃES, M. *A formação de educadores ambientais*. Campinas: Papirus, 2004.

GUZZO, V. *A formação do sujeito autônomo*: uma proposta da escola cidadã. Caxias do Sul: Educs, 2004.

HOFFMANN, J. *Avaliar para promover*: as setas do caminho. Porto Alegre: Mediação, 2009.

KOHL, M. F. *Iniciação à arte para crianças pequenas*. Porto Alegre: Artmed, 2005.

KRAEMER, L. *Quando brincar é aprender*. São Paulo: Loyola, 2007.

LEGAN, L. *A escola sustentável*: eco-alfabetizando pelo ambiente. São Paulo: Imesp; Pirenópolis: Ecocentro, Ipec, 2007.

LUCKESI, C. C. *Avaliação da aprendizagem escolar*: estudos e proposições. 18. ed. São Paulo: Cortez, 2006.

MARZANO, R. J.; PICKERING, D. J.; POLLOCK, J. E. *O ensino que funciona*: estratégias baseadas em evidências para melhorar o desempenho dos alunos. Porto Alegre: Artmed, 2008.

MINOZZO, E. L.; ÁVILA, E. P. de. *Escola segura*: prevenção de acidentes e primeiros socorros. Porto Alegre: AGE, 2006.

MOYLES, J. R et al. *A excelência do brincar*. Porto Alegre: Artmed, 2006.

OLIVEIRA, Z. R. de. *Educação Infantil*: fundamentos e métodos. São Paulo: Cortez, 2002.

PANIAGUA, G.; PALACIOS, J. *Educação infantil*: resposta educativa à diversidade. Porto Alegre: Artmed, 2007.

PERRENOUD, P. et al. *A escola de A a Z*: 26 maneiras de repensar a educação. Porto Alegre: Artmed, 2005.

REIGOTA, M. (Org.). *Verde cotidiano*: o meio ambiente em discussão. 2. ed. Rio de Janeiro: DP&A, 2001. REVISTA NOVA ESCOLA. São Paulo: Abril.

ROEGIERS, X. *Aprendizagem integrada*: situações do cotidiano escolar. Porto Alegre: Artmed, 2006.

SÁNCHES, P. A.; MARTÍNEZ, M.R.; PEÑAVER, I. V. A. *Psicomotricidade na Educação Infantil*. Porto Alegre: Artmed, 2003.

SANCHO, J. M. et. al.*Tecnologias para transformar a educação*. Porto Alegre: Artmed, 2006.

SILVA, J. F. da; HOFFMANN, J.; ESTEBAN, M. T. (Orgs.). *Práticas avaliativas e aprendizagens significativas*. Porto Alegre: Mediação, 2003.

SCHILLER, P; ROSSANO, J. *Ensinar e aprender brincando*: mais de 750 atividades para Educação Infantil. Porto Alegre: Artmed, 2008.

VILLAS BOAS, B. M. de F. *Virando a escola do avesso por meio da avaliação*. Campinas: Papirus, 2008.

MATERIAL DE APOIO

1º ANO

CADERNO DE EXPERIÊNCIAS

editora scipione

LENTE DE AUMENTO

DICAS IMPORTANTES

- DURANTE AS ATIVIDADES PRÁTICAS, ESTEJA SEMPRE ATENTO.
- ACOMPANHE E SIGA CORRETAMENTE AS ETAPAS DE CADA EXPERIÊNCIA.
- NÃO GUARDE DÚVIDAS. PERGUNTE TUDO O QUE VOCÊ NÃO TIVER ENTENDIDO.
- TOME BASTANTE CUIDADO DURANTE AS EXPERIÊNCIAS E AO MANUSEAR O MATERIAL. SE HOUVER UM AVISO DE QUE VOCÊ PRECISA DA ASSISTÊNCIA DE UM ADULTO, NÃO FAÇA NADA SOZINHO.

MATERIAL NECESSÁRIO

- POTE DE IOGURTE
- PEQUENOS OBJETOS (BOTÕES, MOEDAS, TAMPAS DE CANETA)
- FILME PLÁSTICO DE COZINHA
- ÁGUA
- ELÁSTICO

PROCEDIMENTOS

1. COLOQUE OS OBJETOS DENTRO DO POTE.
2. TAMPE-O COM O FILME PLÁSTICO, DEIXANDO-O UM POUCO FROUXO.
3. PRENDA O FILME COM ELÁSTICO.
4. AFUNDE UM POUCO O CENTRO DO FILME COM A MÃO SEM DEIXAR FURAR, E ENCHA DE ÁGUA.
5. OBSERVE O QUE ACONTECE.

Ilustra Cartoon/Arquivo da editora

DISPONÍVEL EM: <WWW.TVCULTURA.COM.BR/X-TUDO/EXPERIENCIA/14/LENTEDEAUMENTO.HTM>. ACESSO EM: 10 MAR. 2015. TEXTO ADAPTADO.

OBSERVAÇÃO E CONCLUSÃO

- O QUE VOCÊ OBSERVOU? POR QUE VOCÊ ACHA QUE ISSO ACONTECE?

....

....

....

....

JARDIM NO POTE

MATERIAL NECESSÁRIO

- 1 POTE GRANDE DE VIDRO, COM TAMPA
- LUVAS
- PEDAÇOS DE CARVÃO VEGETAL
- CASCALHO, TERRA, PEDRINHAS
- MUDAS DE PLANTAS

PROCEDIMENTOS

1. USANDO AS LUVAS, ESPALHE UMA CAMADA DE CASCALHO DENTRO DO POTE.
2. SOBRE A CAMADA DE CASCALHO, FAÇA UMA CAMADA COM OS PEDAÇOS DE CARVÃO VEGETAL.
3. SOBRE A CAMADA DE CARVÃO VEGETAL, FAÇA UMA CAMADA GROSSA DE TERRA.
4. FAÇA BURACOS NA TERRA E PLANTE AS MUDAS, DEIXANDO ESPAÇO ENTRE ELAS.
5. CUBRA AS RAÍZES COM UM POUCO MAIS DE TERRA E DECORE COM PEDRINHAS. DEPOIS, TAMPE O POTE.

Ilustrações: Ilustra Cartoon/Arquivo da editora

DICAS

- DEIXE O POTE EM UM LUGAR COM CLARIDADE, MAS SEM O SOL DIRETO.
- REGUE AS PLANTAS DUAS VEZES POR SEMANA, SEM ENCHARCAR, E TAMPE O POTE.
- QUANDO AS PAREDES DO POTE FICAREM CHEIAS DE GOTINHAS, ABRA-O E ESPERE AS GOTAS EVAPORAREM. DEPOIS, FECHE-O NOVAMENTE.

COMO O POTE PRECISA SER DE VIDRO, FAÇA A ATIVIDADE COM A AJUDA DE UM ADULTO.

CONSTRUINDO UM MINHOCÁRIO

VOCÊ JÁ VIU COMO AS MINHOCAS SE COMPORTAM NO SOLO? VAMOS CONSTRUIR UM MINHOCÁRIO E OBSERVAR AS MINHOCAS POR ALGUNS DIAS.

MATERIAL NECESSÁRIO

- 1 GARRAFA PLÁSTICA TRANSPARENTE DE 2 LITROS
- TERRA PARA JARDIM, AREIA E CASCALHO
- FOLHAS DE PLANTAS VARIADAS
- LUVAS
- 5 OU 6 MINHOCAS, COLETADAS EM JARDINS
- 1 PEDAÇO DE TELA FINA
- 1 PEDAÇO DE TECIDO OU PLÁSTICO PRETO

PROCEDIMENTOS

1. PEÇA A UM ADULTO QUE CORTE O GARGALO DA GARRAFA PLÁSTICA.
2. COM AS LUVAS, COLOQUE CAMADAS DE 3 CM DE CASCALHO, AREIA E TERRA, REPETINDO-AS NESSA ORDEM ATÉ CHEGAR AO TOPO. A ÚLTIMA CAMADA DEVE SER DE TERRA.
3. DEPOSITE AS FOLHAS E, POR ÚLTIMO, AS MINHOCAS.
4. TAMPE A GARRAFA COM A TELA, PARA QUE AS MINHOCAS NÃO SAIAM.
5. ENVOLVA A GARRAFA TODA COM TECIDO OU PLÁSTICO PRETO E DEIXE-A NUM CANTO DA SALA DE AULA.
6. A CADA DOIS DIAS, BORRIFE ÁGUA NA GARRAFA PARA MANTER A TERRA ÚMIDA.
7. DURANTE QUINZE DIAS, APROXIMADAMENTE, OBSERVE O QUE ACONTECE NO MINHOCÁRIO. PARA ISSO É PRECISO RETIRAR O TECIDO PRETO, MAS NÃO SE ESQUEÇA DE COLOCÁ-LO DE VOLTA.

APÓS AS OBSERVAÇÕES, SOLTE AS MINHOCAS NO LUGAR EM QUE VOCÊ AS PEGOU.

OBSERVAÇÃO

- CONVERSE COM OS COLEGAS E O PROFESSOR E ANOTE NO CADERNO O QUE VOCÊ ACHOU MAIS INTERESSANTE.

DELÍCIAS SAUDÁVEIS

QUE TAL PREPARAR DUAS RECEITAS DELICIOSAS E SAUDÁVEIS? NÃO SE ESQUEÇA DE LAVAR BEM AS FRUTAS ANTES DE USÁ-LAS!

Ilustrações: Ilustra Cartoon/Arquivo da editora

SALADA DE FRUTAS

INGREDIENTES

- 1 ABACAXI
- 2 MAÇÃS
- 2 BANANAS
- 2 LARANJAS
- 1 MAMÃO

MODO DE FAZER

1. PEÇA AJUDA A UM ADULTO PARA DESCASCAR AS FRUTAS E CORTÁ-LAS EM CUBINHOS.
2. MISTURE TODAS AS FRUTAS PICADAS EM UMA VASILHA E ESTÁ PRONTA A SUA SALADA.

VITAMINA DE BANANA

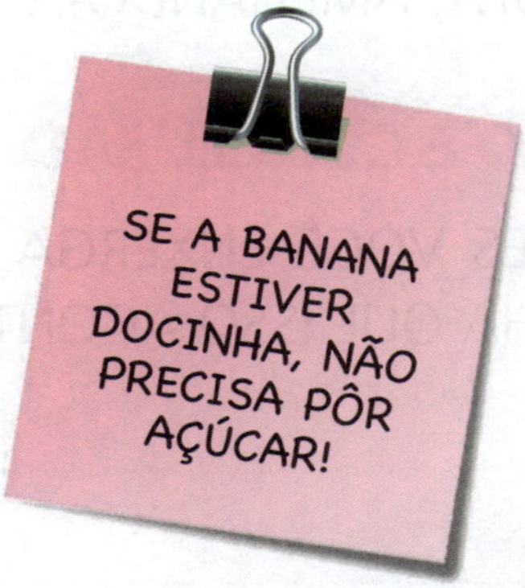

SE A BANANA ESTIVER DOCINHA, NÃO PRECISA PÔR AÇÚCAR!

INGREDIENTES

- 1 COPO GRANDE DE LEITE
- 1 BANANA
- 1 COLHER (DE SOPA) DE AÇÚCAR

MODO DE FAZER

1. PEÇA AJUDA A UM ADULTO PARA CORTAR A BANANA EM RODELAS.
2. EM SEGUIDA, PEÇA-LHE QUE BATA OS INGREDIENTES NO LIQUIDIFICADOR.

DUAS CORES FORMAM UMA

VAMOS MISTURAR DUAS CORES COM LÁPIS DE COR E VER O QUE ACONTECE?

MATERIAL NECESSÁRIO

- LÁPIS PRETO
- LÁPIS DE COR (AMARELO E VERMELHO)
- PAPEL SULFITE
- LUPA

PROCEDIMENTOS

1. NO PAPEL SULFITE, FAÇA O CONTORNO DO SOL COM O LÁPIS PRETO.
2. PINTE-O DE AMARELO. NÃO PRESSIONE MUITO.
3. SOBRE ESSE AMARELO, PINTE NOVAMENTE, AGORA COM UM LÁPIS VERMELHO. NÃO PRESSIONE MUITO.
4. OBSERVE DE QUE COR O SOL FICOU. DEPOIS VEJA A MESMA IMAGEM COM A LUPA, AMPLIANDO-A.

OBSERVAÇÃO E CONCLUSÃO

- QUE CORES VOCÊ ENXERGA USANDO A LUPA? E SEM ELA? POR QUE VOCÊ ACHA QUE ISSO ACONTECE?

....

....

....

....

....

....

....

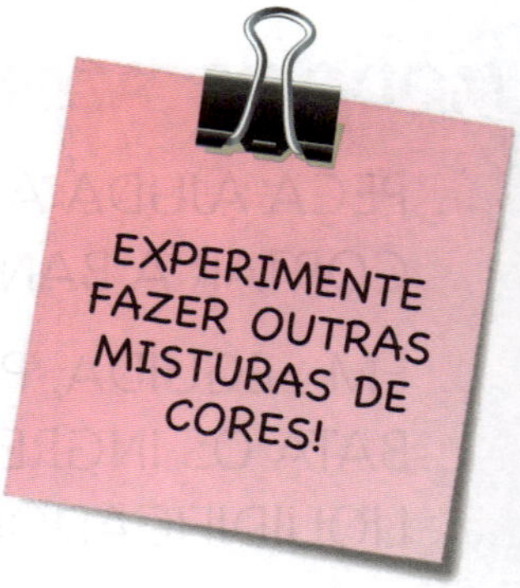
EXPERIMENTE FAZER OUTRAS MISTURAS DE CORES!

MATERIAL DE APOIO

1º ANO

CADERNO DE CRIATIVIDADE E ALEGRIA

Goritza/Shutterstock/Glow Images

editora scipione

A METAMORFOSE

HÁ FILHOTES QUE, AO NASCER, SÃO COMPLETAMENTE DIFERENTES DOS ANIMAIS ADULTOS PORQUE ELES PASSAM POR TRANSFORMAÇÕES. ESSAS TRANSFORMAÇÕES SÃO CHAMADAS DE **METAMORFOSE**.

RECORTE AS IMAGENS DA TRANSFORMAÇÃO DA BORBOLETA QUE ESTÃO NA PÁGINA AO LADO E COLE-AS EM ORDEM, NOS QUADROS ABAIXO.

1 OVO

2 LAGARTA

3 CASULO

4 BORBOLETA

Ilustrações: Ilustra Cartoon/Arquivo da editora

O BRAÇO QUEBRADO

- LEIA OS TEXTOS ABAIXO. EM SEGUIDA, DESTAQUE AS FIGURAS DO FIM DO LIVRO E COLE-AS NOS ESPAÇOS CORRETOS. SIGA A NUMERAÇÃO.

1

MARTIM CAI DA BICICLETA: SEU BRAÇO ESTÁ DOENDO.

2

NO HOSPITAL, FAZEM UMA RADIOGRAFIA DE SEU BRAÇO. A MÉDICA MOSTRA QUE O OSSO ESTÁ QUEBRADO.

3

O BRAÇO É ENGESSADO PARA MANTER O OSSO IMÓVEL.

4

O OSSO É UM MATERIAL VIVO: A PARTE QUEBRADA SE RECONSTITUI.

5

O GESSO É RETIRADO.
MARTIM NÃO SENTE MAIS DOR E CONSEGUE MEXER O BRAÇO.

6

ELE TERÁ DE REAPRENDER A FAZER CERTOS MOVIMENTOS COM A AJUDA DE UM FISIOTERAPEUTA.

O CORPO, DE MICHÈLE LONGOUR. SÃO PAULO: SALAMANDRA, 2003. (CRIANÇA CURIOSA).

ONDE VIVEM OS BICHOS?

- RECORTE AS IMAGENS ABAIXO E COLE-AS NA FOLHA SEGUINTE, NO LUGAR EM QUE CADA ANIMAL VIVE.

Ilustrações: Ilustra Cartoon/Arquivo da editora

ONDE VIVEM OS BICHOS?

PODEMOS ENCONTRAR ANIMAIS EM DIVERSOS AMBIENTES. RECORTE AS FIGURAS DOS ANIMAIS DA PÁGINA 7 E COLE-AS NOS AMBIENTES CORRETOS A SEGUIR.

Ilustrações: Ilustra Cartoon/Arquivo da editora

ADESIVOS

- DESTAQUE AS FIGURAS ABAIXO E COLE-AS NA PÁGINA 5 DO CADERNO DE CRIATIVIDADE E ALEGRIA.

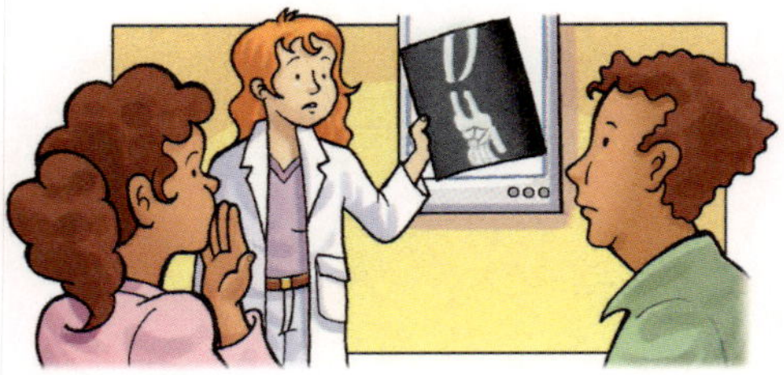

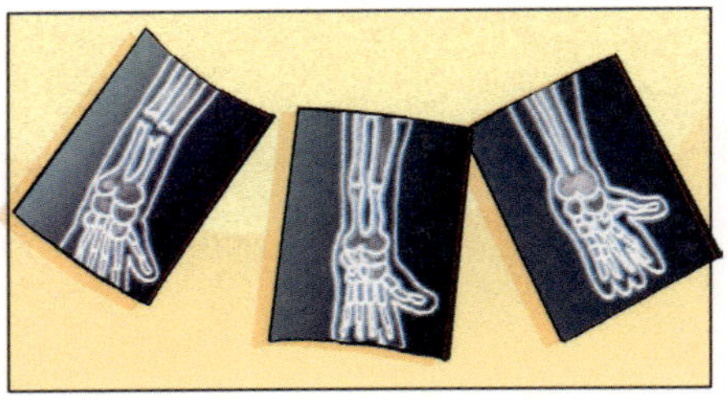

Ilustrações: Ilustra Cartoon/Arquivo da editora